COMMENT RECONNAÎTRE LES RELATIONS TOXIQUES ET PERVERSES ?

MES HISTOIRES PERSONNELLES AVEC DES RELATIONS TOXIQUES ET DES PERVERS NARCISSIQUES DANS LE CERCLE FAMILIAL, AMICAL ET AMOUREUX

Léticia Orxan

D1620554

© Léticia Orxan, (2022), tous droits réservés

ISBN-13 : 979-8357282958
Léticia Orxan – 75006 PARIS
Imprimé par Amazon
16,99€
Dépôt Légal (10/10/22)

Préambule

Qui suis-je ? C'est une question philosophique que tout le monde se pose sur soi. Pour ceux qui me connaissent déjà, vous savez à quel point la philosophie a toujours guidé mes pensées depuis le moment où j'ai découvert son existence. Je ne compte pas écrire un livre complètement philosophique, mais y ajouter légèrement cet *amour de la sagesse* parce que cela est important pour moi. La philosophie, la psychologie et le développement personnel sont des domaines qui m'intéressent énormément. Au même titre que les domaines artistiques, en particulier la musique et le cinéma. Tu commences donc à en apprendre un peu plus sur moi mais commençons par le commencement.

Je m'appelle Léticia. Oui L-é-t-i-c-i-a. Je ne me trompe pas dans l'orthographe. *"Vous êtes sûr que ça s'écrit comme ça ?"* me demandent souvent certaines personnes qui doivent remplir des documents avec mes coordonnées. Cela me fait doucement rire, chaque fois, mais si l'on en revient aux origines, le registre est différent.
Depuis petite, j'ai vécu de nombreux traumatismes. Encore maintenant, ces traumatismes se matérialisent à travers les cauchemars, les crises d'angoisse et auparavant : les relations toxiques bien sûr !
J'ai perdu mes 2 parents à l'âge de 4 et 5 ans. Ce sont mes 2 grands-parents maternels qui m'ont élevée.
Je me souviens, le jour où, j'étais au commissariat et que mes grands-parents apprenaient la nouvelle. Ma grand-mère me disait : *"maman est partie au ciel"*. Je répondais naïvement : *"ce n'est pas grave parce qu'on prendra l'échelle des pompiers pour aller rejoindre maman là-haut."* J'avais 4 ans.

Le dernier jour où j'ai vu mon père, je ne me souviens plus de l'endroit précis où nous nous situons. Je me rappelle juste que l'endroit était très blanc, lumineux et vide, comme dans la scène où Jim Carrey rencontre Dieu dans "Bruce tout-puissant". Mon père s'avançait vers moi, il s'agenouillait pour se mettre à ma taille. Mon grand-père était derrière lui, je crois, avec un médecin et une autre personne, mais je ne sais plus du tout qui c'était.

"Il va falloir que tu sois forte Léticia et que tu t'occupes bien de tes grands-parents. C'est la dernière fois qu'on se voit.

- *Tu pars en voyage papa ?*
- *On va dire ça comme ça oui. Il va falloir que tu sois très forte, d'accord ? "*

J'avais 5 ans.

Quand j'étais à l'école primaire et que c'était la fête des Mères, nous devions confectionner soit des dessins, soit des objets que l'on fabriquait nous-mêmes. Dessus il fallait marquer : "bonne fête, maman"... Je demandais à ma grand-mère : *"dis mamie, pourquoi je ne peux pas t'appeler maman comme tout le monde ?"* Je ne me rendais compte de rien encore à ce moment-là. J'avais 6 ans.

J'en parlerai surement plus en détail dans un prochain livre...

Je ne me souviens pas avoir vécu de faits troublants à l'école maternelle ou alors ces souvenirs sont partis s'enfouir dans mon inconscient ; mais quand j'étais à l'école primaire, j'étais d'une timidité maladive. Nous parlerons justement de la confiance en soi dans la partie 3 de ce livre.

Un jour, nous étions en contrôle, mais je n'avais plus de stylo bleu dans ma trousse... Pour dire à quel point j'étais timide : je regardais autour de moi les élèves qui commençaient à regarder la feuille et d'autres commençaient déjà à écrire. Je scrutais du regard pour voir si quelqu'un avait un deuxième stylo. Personne. Quand mon regard s'arrêta sur la table de ma copine de camarade, à ma gauche. Elle était en train d'écrire... et un stylo se trouvait posé à côté de sa trousse. J'étais incapable de sortir un son de ma bouche. Peur de déranger. Forcément, nous sommes en plein contrôle. Peur de me prendre un refus. Forcément, elle en avait besoin de ce stylo, au cas où le premier ne fonctionnerait plus. Peur du jugement. Forcément, comment cela se fait-il que je n'eusse pas mon propre stylo ? C'est une honte ! (Je rappelle que j'avais 6 ans durant ce cas.)

Que faire à ce moment-là ? Je pouvais aussi demander à la maitresse de me prêter un stylo, elle qui n'était pas en contrôle !

Toujours, aucun son ne sortait de ma bouche. C'est durant cette expérience que j'ai vécu pour la première fois un moment qui me prouvait que je n'avais absolument pas confiance en moi.

Tu te doutes bien qu'à la fin, j'ai fini par avoir un gros F sur ma copie blanche…

Pourquoi ai-je voulu écrire ce livre ?

Quand j'étais petite, j'ai commencé à écrire à l'âge de 6 ans. Comme je n'avais ni frère ni sœur, il fallait que je trouve de quoi m'occuper. Durant ces moments-là, je m'inventais des histoires imaginaires. Ces moments-là ont commencé à émerger quand nous partions en vacances, dans la résidence secondaire de mes grands-parents, à Hossegor (dans les Landes).

Je me souviens que je rêvais d'avoir un chien. En particulier un golden rétrieveur. Je l'imaginais jouer avec moi dans la maison. Je lui donnais à manger, à boire… Je mimais chaque action que je faisais avec lui. Mes grands-parents devaient me prendre pour une folle.

C'est durant ces grandes vacances-là, que ma grand-mère a commencé à m'apprendre à écrire. À ce moment-là, je pensais que ce n'était pas de chance d'avoir une grand-mère qui était institutrice… obligation de faire les devoirs des cahiers de vacances tous les ans. Finalement, j'ai eu de la chance, car c'est comme ça que j'ai commencé à customiser des carnets.

Je prenais plusieurs feuilles de papier, je les coupais en 2 puis je les pliais. J'ai alors commencé à créer des magazines pour les enfants : j'inventais des jeux comme des rébus, des mots à trouver dans des grilles, des tests pour savoir si l'on était amoureux de quelqu'un et c'est là aussi où j'ai inventé mes premières histoires… Je créais des bandes dessinées avec en particulier des personnages qui revenaient sans cesse : une bande de 5 amis. Il y avait une souris, un cheval, un dauphin, une ourse et un guépard. C'est grâce aux peluches que j'avais à l'époque que j'avais commencé à imaginer des aventures incroyables qui pouvaient leur arriver. Il faudrait surement que je m'y penche dessus de nouveau pour pouvoir en faire profiter aux enfants d'aujourd'hui…

Pour ceux qui me connaissent, vous savez que par la suite, j'ai fait un Baccalauréat littéraire. Ma famille paternelle était contre ce choix, parce que cela est le "Baccalauréat de la poubelle" comme ils aimaient si bien l'appeler… Nous en parlerons surement dans la suite de ce livre… J'ai dû me battre pour leur montrer que malgré tout, c'était bien cette filière-là que je voulais faire. Ayant toujours été passionné par l'écriture et pratiquant cette passion depuis toute petite, j'étais certaine que c'était la voie qui allait le mieux me correspondre. Je ne me suis d'ailleurs pas trompée. Après plusieurs réorientations, je me suis dirigée vers les métiers du cinéma. Même si cela n'a rien à voir avec la littérature et la philosophie, il y a quand même de gros points communs : dans le cinéma, on raconte des histoires au même titre que les romans. Aussi, dans les meilleurs films, il y a toujours une morale philosophique derrière. Ce que nous observons autour de nous est-il la réalité ou le fruit de notre imagination ? ("Matrix"), nos pensées sont-elles liées à la langue que nous utilisons ? ("Premier contact"), qu'elle est la part d'amour et d'humanité que l'on peut témoigner à ses proches face à un évènement tragique et inhumain ? ("La vie est belle" de Begnini).

J'ai commencé à me poser des questions existentielles à l'âge de 16 ans, quand j'ai fait ma crise existentielle. C'est à partir de là que je me demandais quel est le sens de la vie, à quoi cela sert-il que l'on existe puisque l'on finit par disparaitre un jour ? Ce livre est donc une invitation à la réflexion métaphysique et au développement personnel pour toi. C'est également une aide pour que tu puisses te poser des questions sur tes propres relations.

Quand tu es habitué à un schéma toxique depuis tout jeune et que tu manques cruellement de confiance en toi depuis toujours, tu n'attires à toi que des personnes qui ne te veulent pas du bien, malgré que tu penses le contraire de prime abord-. Tu attires à toi des situations et des personnes qui vont te faire répéter les mêmes schémas, jusqu'à ce que tu comprennes tes erreurs et que tu t'améliores.

J'aimerais partager avec toi mes expériences avec des relations toxiques, afin que tu puisses identifier les signes qui prouvent que quelque chose ne va pas et ainsi quitter la relation, afin que tu ne répètes pas les mêmes comportements que moi.

Je souhaiterais aussi rencontrer des personnes qui ont vécu des histoires similaires aux miennes.

Même si comme moi, certains de tes proches ne sont plus là

*pour te féliciter et être fier de toi, de qui tu es devenu, je suis ici pour te prouver à quel point il est possible de transformer tes mauvaises expériences en une force et à quel point tes rêves peuvent devenir réalité, du moment que tu crois en toi et que tu puises dans tes propres ressources intérieures, peu importe ce que ton entourage ou d'autres personnes te disent ou te font croire sur toi. Le plus important est ce que tu penses de toi et de l'amour que tu t'accordes.

Avant-propos

Ces histoires sont basées sur des faits réels. Ainsi, par respect pour les personnes qui existent vraiment, j'ai décidé de modifier les prénoms des personnages.

Ces histoires ne sont pas là pour blesser, offenser ou rabaisser qui que ce soit. Ces histoires sont une retranscription de ma propre perception, je tiens à le préciser. Si, par hasard, tu fais partie d'une de ces personnes qui m'ont accompagné lors de ces aventures et que tu es étonné des mots que j'emploie, tu n'as sans doute pas vécu la même chose que moi. Peut-être que j'exagère selon toi, mais c'est ainsi que j'ai réellement vécu ces histoires. Étant hypersensible, certaines phrases, comportements et remarques m'ont particulièrement touché et m'ont fait du mal à certains moments. Pour autant, je ne suis pas "la gentille" et les autres ne sont pas "les méchants". Et vice versa. Il n'y a ni méchant ni gentil. La vie nous présente plutôt des nuances de gris. Ce n'est jamais ni complètement noir ni complètement blanc, c'est ce qui rend la vie complexe et intéressante. Au cinéma, quand on change de point de vue, on se rend compte que chaque personnage est tout à fait légitime de penser et agir de telle façon par rapport à son positionnement dans l'histoire. Merci donc de respecter mon propre point de vue dans ce livre.

Si tu as un point de vue extérieur à ces histoires, j'aimerais que tu perçoives les personnages de façon neutre et que tu tentes justement de comprendre pourquoi ils ont agi ainsi. Chaque personne réagit d'une certaine façon en fonction des expériences qu'il a vécues, de son passé, de son caractère, de sa personnalité, de son tempérament, etc...

Contrairement aux idées reçues, il faut savoir qu'il peut y avoir autant de femmes que d'hommes en termes de pervers (ou perverses) narcissiques. Nous pouvons vivre une relation toxique aussi bien avec un homme qu'avec une femme. Tu peux tomber sur ce genre d'individu ou de relation dans le cercle familial, amical, à ton travail ou encore dans ta relation amoureuse actuelle ou ancienne. C'est ce que nous allons observer dans ce livre.

Je tiens à préciser aussi qu'il n'y a pas de personne toxique. C'est le lien entre les 2 personnes qui est malsain, ainsi que les comportements. Souvent, les personnes qui entretiennent des comportements toxiques n'ont pas conscience du mal qu'ils font. Si une personne adopte des comportements toxiques avec un groupe de personnes, elle peut se comporter de façon totalement saine avec un autre. Dans l'interaction entre les deux personnes ou le groupe, des frustrations n'ont pas été comblées dans les deux parties, ce qui amène à la relation toxique. Nous avons donc tous déjà, sans aucune exception, développé une relation toxique avec un tiers. Nous avons tous des comportements toxiques à différents moments, il est de notre responsabilité de les identifier pour les minimiser au mieux.

Quant aux pervers narcissiques, leur degré de toxicité est bien plus fort. Ces cas s'avèrent plus rares, destructeurs et dangereux par rapport aux relations toxiques car la perversion narcissique est une pathologie relationnelle. Le noyau narcissique étant concentré sur eux, ce sont les interactions partant de lui qui mènent au conflit. Vouloir entretenir une relation saine avec un pervers narcissique est une volonté impossible à satisfaire. Nous allons voir dans le 1er chapitre les définitions autour du pervers narcissique, pour mieux comprendre cette pathologie.

Remerciements

Merci à toutes ces personnes qui m'ont fait souffrir, que cela soit de près ou de loin. Je suis extrêmement heureuse de mon parcours et j'espère, grâce à mes expériences et mes recherches, pouvoir faire prendre conscience à un maximum de personnes si elles sont sous l'emprise d'une relation toxique ou d'un pervers narcissique pour qu'elles puissent par la suite prendre les meilleures décisions pour elles, afin de sortir de cette prison invisible.

Nos histoires doivent constituer une force qui nous permet de nous sentir plus robustes face à des personnes qui voudraient nous faire encore plus de mal. La douleur a été si intense et accumulée que nous avons l'intuition nécessaire pour repérer ces mauvaises personnes et ainsi ne plus reproduire les mêmes schémas. Ces expériences qui nous paraissent mauvaises en apparences sont, en réalité, extrêmement positives. Elles nous apprennent énormément de choses sur nous. Je remercie toutes ces relations toxiques et les relations perverses narcissiques, car, sans elles, je n'aurais jamais eu l'énergie de réaliser mon rêve que j'ai depuis que je suis enfant : écrire mon 1er livre !

Merci énormément à mes amis qui ont su m'épauler quand ça n'allait pas. (J'ai modifié tous les prénoms, mais je pense que certains se reconnaitront dans mes histoires !)

Un grand merci en particulier à Meily Chen, sans qui ce livre n'aurait jamais vu le jour. 1000 mercis à toi pour ton coaching qui m'a apporté plus de clarté sur la rédaction de mon livre ainsi que pour ton soutien qui m'a permis d'avancer quand je n'arrivais plus à continuer d'écrire. En espérant que ce 1er livre soit le début d'une longue lancée !

Sommaire

ma famille.

PARTIE 2 : LES RELATIONS AMOUREUSES ET AMICALES TOXIQUES, MALSAINES ET HYPOCRITES.

PARTIE 1 : LES PERVERS NARCISSIQUES DANS LE CERCLE FAMILIAL ET AMOUREUX.

Chapitre 1 : une famille destructrice.

#1 Définitions.

Qu'est-ce qu'un(e) pervers(e) narcissique ?

Le pervers narcissique n'a pas conscience de son propre trouble pathologique. Il pense sans cesse que ses difficultés et ses erreurs sont causées par les autres. Le pervers narcissique ne sait pas se remettre en question, car il n'a aucune notion d'empathie. Pour lui, l'autre est tel un objet qui va lui servir à atteindre son objectif pervers. (D'où le terme de "pervers".) Son objectif se traduit par le besoin de rendre les autres dépendants de lui pour mieux nuire et détruire les victimes qu'il choisit. Pour atteindre cet objectif, le pervers narcissique va manipuler ses victimes en leur retournant le cerveau pour leur faire croire que tout ce qui se déroule est de leur faute.

Le pervers narcissique a une faille narcissique (d'où le terme de "narcissique"), c'est-à-dire qu'il n'est pas parvenu à construire de lui-même une image de soi saine durant son enfance. Cela est dû à une interprétation de sa part ou à un vécu traumatique par rapport à un évènement : un décès, un viol, une indifférence, un abus, un manque d'écoute, une froideur, une perte, etc. Cet évènement ou cette interprétation d'évènement a conduit l'enfant à perdre une partie de lui-même, ce qui l'a conduit à la perversion narcissique. Le pervers narcissique choisit d'ailleurs des victimes ayant elles-mêmes des failles narcissiques, qui ne sont pas situées au même degré.

Le pervers narcissique et sa victime ont tous les deux une carence affective qu'ils cherchent à combler. C'est en cela qu'ils sont attirés l'un à l'autre et non pas parce que la victime est toxique et est alors attiré par le pervers narcissique, comme la plupart des gens croient.

Tant que la victime n'a pas réussi à comprendre d'où viennent ces carences affectives, à s'aimer et à s'accepter de façon sincère, malgré la rupture, elle attirera inconsciemment des relations avec un pervers narcissique. (C'est ce que nous allons d'ailleurs remarquer avec mes histoires amoureuses avec des pervers narcissiques, suite à la relation destructrice que j'ai eue avec ma grand-mère qui m'a élevée.)

Pour mieux comprendre aussi les différents comportements d'autrui ainsi que ceux du pervers narcissique, revoyons les définitions entre 'l'égo", "l'égoïsme", "l'égocentrisme", "la perversion" et "le narcissisme".

L'EGO = est un mot latin qui signifie "moi". C'est la conscience que tout individu a de lui-même. Pour l'auteure Lise Bourbeau, l'égo est plutôt une pensée au fond de nous qui souhaite avoir raison sur tout. Par exemple, si nous entretenons une blessure intérieure de rejet et qu'une personne nous ignore quand on lui pose une question, notre interprétation de la situation va alimenter notre égo. Selon Lise Bourbeau, le but de toute vie est de diminuer notre égo afin d'être pleinement heureux, serein et en paix face à nos propres démons intérieurs.

L'ÉGOÏSME = c'est le fait de penser à ses propres besoins avant ceux des autres. Il est donc normal d'être égoïste. Il ne faut pas culpabiliser par rapport à ça, car nous le sommes tous et il est nécessaire de l'être pour prendre soin de soi et cultiver notre amour de soi.
Cependant, l'égoïsme est mauvais quand il est dans l'excès : c'est quand on oublie littéralement les besoins de l'autre. Par exemple, une maman qui ne prend pas soin de son enfant est dans un égoïsme et une irresponsabilité totale.

L'ÉGOCENTRISME = quand on est enfant, l'égocentrisme se développe à partir du moment où on arrive à découvrir le monde à partir de notre propre point de vue. C'est donc un processus normal dans le développement de l'enfant et de l'adolescent.
Là où cela est dans l'excès, c'est quand l'individu ramène tout à soi et pense que le monde tourne autour de lui. Quel que soit le sujet de conversation par exemple, la personne égocentrique, -bien que son cas soit totalement hors sujet par rapport au sujet évoqué-, arrivera toujours à trouver un lien le concernant pour faire parler d'elle. La personne égocentrique a besoin d'être le centre de l'attention pour se sentir exister.
Contrairement à l'égoïste, il va tout faire pour acquérir l'amour des autres, non pas car il les apprécie, mais pour cultiver le regard et le jugement flatteurs qu'ils peuvent porter sur l'égocentrique.

LA TOXICITÉ = un comportement se dit toxique quand celui-ci nuit à la personne en face, même après qu'elle ait imposé ses limites. Si le comportement toxique est violent (physiquement ou verbalement), cela peut conduire la victime à avoir des crises d'angoisse. La relation devient alors toxique quand le lien entre les deux personnes se poursuit.

LA PERVERSION = c'est un homme ou une femme qui a tendance à la perversité. C'est-à-dire qu'il/elle éprouve du plaisir en faisant du mal.

LA MANIPULATION = c'est le fait de profiter des failles psychologiques d'une personne pour la mener vers un but fixé. Le but du(de la) pervers(e) narcissique étant de te rendre littéralement dépendant(e) pour que tu sois sous son emprise. (il(elle) t'éloigne de ton travail pour être dépendant(e) de lui(elle) financièrement, de ton entourage pour être dépendant(e) affectivement, il(elle) te fait rapidement un enfant pour être attaché(e) à lui(elle) à vie, etc..) Seul(e), il(elle) n'est rien.

LE NARCISSISME = ce terme vient du mythe grec de Narcisse. La nymphe Écho est amoureuse de Narcisse, mais ne peut lui exprimer son amour étant donné qu'elle n'arrive à prononcer que la dernière syllabe des mots. Elle tente alors de communiquer avec lui en le touchant, mais Narcisse la repousse, ce qui conduit Écho à se perdre dans les bois et à mourir de désespoir, ne laissant plus que sa voix. La déesse Némésis (déesse de la colère et de la vengeance divine) venge alors Narcisse qui a brisé le cœur à des dizaines de femmes en le faisant tomber amoureux de son propre reflet dans un ruisseau. Narcisse, essayant d'embrasser son reflet, finit par tomber dans l'eau. De là a poussé une fleur, qui se nomme "Narcisse."

Être narcissique signifie donc que l'on apprécie et admire sa propre image dans l'excès. Paradoxalement, le narcissique a une très faible estime de lui. Il compense cela en sur valorisant ses capacités, ses compétences, ses atouts physiques pour se sentir supérieur à autrui. Il s'intéresse si excessivement à lui qu'il a un manque d'empathie pour les autres. Les émotions et les sentiments d'autrui ne l'intéressent pas, le narcissique étant égocentrique. S'il s'intéresse aux autres, c'est uniquement pour satisfaire ses propres intérêts. Se croyant le centre du monde, il va d'ailleurs monopoliser souvent les conversations. Le narcissique a besoin d'être aimé et qu'on l'admire sinon, il ne se sent pas exister. Les autres sont des êtres inférieurs à lui (selon lui), d'où son attitude hautaine. Il a d'ailleurs une obsession pour le pouvoir, le succès et les rapports de force (dominant/dominé.)

Le psychanalyste Sigmund Freud parle de narcissisme primaire et de narcissisme secondaire. Le narcissisme primaire est un processus normal dans le développement de l'enfant. Il apprend à s'aimer en érotisant son corps. Tandis que le narcissisme secondaire est pathologique. Le narcissique n'a pas réussi à dépasser le stade primaire du narcissisme. Il continue d'entretenir ce besoin de jouir de sa propre image, au détriment d'autrui, dont il ne peut s'intéresser sans aucun intérêt derrière.

#2 Les bases de notre confiance et estime de soi.

Un individu normal, quant à lui, a réussi à surpasser les stades de développement vécus durant l'enfance. Il ressent de l'empathie et il a un minimum d'amour de soi pour se sentir bien face à lui-même et au monde.

Quand on est enfant, on se construit dans le regard des autres. Les parents sont les premières personnes qui doivent nous apporter un regard bienveillant et aimant sur nous-mêmes, afin de construire les bases solides de notre confiance et estime de soi. Pour cela, il est important de féliciter l'enfant, malgré ses erreurs, lui faire part de ses progrès et lui faire comprendre qu'il est normal d'échouer, que cela est un processus normal pour aller vers la réussite.

Un enfant qui a évolué dans un environnement destructeur n'a été que rabaissé, humilié, jugé, critiqué, sali, rejeté, trahi, détruit... Quand tu as baigné dans un environnement malsain depuis ta plus tendre enfance, il est normal d'avoir développé des comportements et des pensées spécifiques qui vont t'attirer à toi des personnes malsaines et des pervers narcissiques. Tu es embarqué beaucoup plus facilement dans des relations toxiques, d'où l'importance de faire un travail en profondeur sur toi. Il faut alors se considérer soi-même à la fois comme son propre père et sa propre mère, retrouver en nous des ressources internes insoupçonnées.

Une de mes psys m'a dit un jour : quand 2 personnes se parlent, il y a en vérité 4 personnes qui communiquent en même temps. Il y a d'un côté, la conscience de chaque personne et de l'autre côté, l'inconscient de chacune des personnes. Nous ne sommes donc jamais attirés par les personnes par hasard (que ce soit dans le milieu professionnel, en amitié ou en amour). Nous sommes attirés par des personnes qui ont des blessures similaires aux nôtres qui n'ont toujours pas été réparées.

Ainsi, **pour comprendre une chose, il faut en venir à ses origines**. C'est ce que nous allons voir avec certains membres de ma famille qui m'ont élevée, en particulier ma grand-mère. Je souhaiterais te faire part de certains exercices au fur et à mesure du chapitre pour t'aider et je t'incite à te poser les bonnes questions grâce à ces expériences.

#3 Une enfant tiraillée entre 2 familles.

Mon propre enfer a commencé à l'âge de 12 ans. J'étais au collège en 5e à l'époque. J'étais en plein cours d'histoire, quand le proviseur intervint en plein cours. Je ne sais pas si c'est toujours d'actualité maintenant, mais à cette époque (je dis ça comme si j'étais un dinosaure, mais je n'ai que 25 ans on se calme *haha*) nous devions nous lever pour accueillir le proviseur puis lui dire bonjour. Il y avait au moins cette notion de respect que j'apprécie beaucoup. Nous nous asseyons quand il dit tout haut et fort :
"J'ai besoin de voir mademoiselle Orxan." (Comme tu le sais, Orxan est mon pseudo sur les réseaux sociaux, mais bien sûr, à ce moment-là, il m'avait appelé par mon nom de famille.)
Je me levai pour indiquer ma présence avec un faible "oui ?".
"Prenez toutes vos affaires et venez me suivre s'il vous plait."
À ce moment-là, tout le monde dans la classe se mit à chuchoter, se demandant ce qu'il avait bien pu se passer. Ayant la réputation d'être quelqu'un de très discret, les élèves choqués, se demandait quelle faute grave j'avais pu commettre.

Je suivais le proviseur et nous arrivions à l'accueil du collège. J'aperçus mon grand-père maternel (qui m'avait élevé), qui m'attendait à l'intérieur. Je savais ce qui m'attendait et je n'avais vraiment pas hâte de faire ce que j'allais devoir accomplir par la suite.

" On a rendez-vous à 11h avec le juge. J'ai préféré prendre de l'avance pour que l'on soit à l'heure. Tu es prête, tu as toutes tes affaires ?

- Et à quelle heure vais-je pouvoir retourner à l'école ?
- Votre grand-père m'a dit que vous pourrez revenir pour le cours de mathématique à 15h. Informa le proviseur.

Suite à ces mots, mon grand-père remercia le proviseur pour sa compréhension, car il était impossible d'avoir un rendez-vous avec le juge pour enfants le weekend. Puis, nous allâmes jusqu'au Tribunal de Créteil en voiture.

Mon oncle paternel ayant fait la demande pour avoir ma garde, tout un processus judiciaire devait alors se mettre en place... À cette époque-là, j'avais tellement peu confiance en moi et je n'osais pas m'affirmer tellement que je n'avais pas osé dire à ma famille paternelle que je préférais continuer de vivre chez mes grands-parents. C'était déjà tellement compliqué pour moi psychologiquement : perdre ses 2 parents aussi jeunes n'est absolument pas une situation courante chez un enfant. Le fait de me dire que j'allais en plus de cela devoir totalement changer de vie : perdre mes amis, perdre mes habitudes, perdre le collège où j'avais l'habitude d'aller, ne plus vivre dans la maison où j'avais l'habitude de vivre... J'étais déjà sans repère solide, paternel et maternelle et en plus de cela, j'allais devoir subir un changement de vie radicale à l'âge de 12 ans. L'adolescence est une période compliquée en plus : notre corps change, nous nous remettons plus en question sur notre place dans le monde. C'est très compliqué à vivre et à gérer. Il était donc inconcevable pour moi de changer de vie en allant vivre chez mon oncle et ma tante paternels. J'allais me sentir encore plus détruite et démunie de tout repère.

Néanmoins, n'ayant absolument aucune confiance et estime de moi à l'époque, je choisis de leur mentir en disant que je souhaitais vivre chez eux, dans le but de me protéger ; par peur aussi de les blesser et de les décevoir. Ce n'était absolument pas dans mon intention de faire du mal alors je préférais dire ce qui leur faisait plaisir sauf que, je ne pensais pas à quel point ce fait allait autant me procurer des conséquences désastreuses et destructrices psychologiquement... Je n'avais pas conscience du tout, du haut de mes 12 ans, du mal que j'allais leur infliger.

Mon oncle me répétait souvent :
" Ta grand-mère est une folle, elle va finir par te pourrir la vie comme elle a pourri ta mère avant. Sylvie et moi on est jeune, on sera beaucoup plus apte à t'élever. Est-ce que tu le comprends ? Il faudrait que tu écrives une lettre pour convaincre le juge que tes grands-parents ne sont plus aptes pour avoir ta garde. Je vais t'aider à l'écrire."
Certes, à cette époque-là, je n'avais pas du tout conscience encore de la pathologie que ma grand-mère pouvait avoir par rapport au fait qu'elle soit perverse et narcissique ; mais comme expliqué plus haut, je me sentais déjà sans repères maternel et

paternel et je m'étais appuyée, en compensation, sur mes grands-parents. Il était trop difficile pour moi, à l'âge de 12 ans, de devoir m'habituer à un tout nouveau repère maternel et paternel. Sauf qu'à cette époque, il était impossible pour moi de pouvoir l'exprimer avec des mots.

Quelques semaines plus tard, nous devions assister au jugement final afin que l'on sache où j'allais devoir définitivement vivre. Selon la majorité qui l'emportait, je devais soit aller vivre chez mon oncle et ma tante, soit continuer de vivre chez mes grands-parents maternels. Il y avait donc plusieurs voix qui comptaient : celle du frère de mon grand-père paternel (mon grand-père était trop malade pour assumer ce rôle), ma grand-mère paternelle, l'un de mes oncles maternels (que nous allons appeler Philippe) et mon grand-père maternel qui m'avait élevé. Bien évidemment, mon oncle maternel Philippe et mon grand-père maternel ont voté pour que je continue de vivre chez mes grands-parents. Tandis que ma grand-mère paternelle a voté pour que j'aille vivre chez mon oncle et ma tante paternels. Ce qui a fait que le jugement a été

bloqué et que j'ai eu droit au dernier mot, c'est grâce à mon grand-oncle paternel qui s'est exprimé ainsi lors du procès :
" Je choisis d'être neutre pour ce jugement. Ma voie étant dans l'intérêt de Léticia. J'estime que c'est à elle de prendre la décision de ce qui lui convient pour son bonheur."
J'ai dû alors me rendre et m'exprimer devant le juge et affirmer à haute voix : "je souhaite continuer de vivre chez mes grands-parents."

Comme tout enfant de parents divorcés (la procédure par rapport à ma situation familiale devait se faire ainsi), en dehors du fait que je vivais chez mes grands-parents, je devais passer 1 semaine ou 1 mois chez ma famille paternelle et 1 semaine ou 1 mois chez ma famille maternelle pendant les vacances scolaires. Le reste de l'année, c'était 1 weekend sur 2 chez ma famille paternelle et 1 weekend sur 2 chez ma famille maternelle.

Suite à ce jugement, la première fois que je me suis rendue le weekend chez ma grand-mère paternelle, je ne m'attendais pas du tout à l'accueil que j'allais recevoir… Ma grand-mère, mon oncle et ma tante étaient tous les 3 là. Pendant de nombreuses heures, je me suis prise des tonnes de réflexions lourdes qu'on me hurlait à la figure. La violence dans les voix et les paroles étaient si agressives, coléreuses et véhémentes que j'avais réellement eu l'impression d'avoir tué quelqu'un :
"Tu ne te rends pas compte ! Tes grands-parents sont vieux et tu aurais été mieux à vivre chez nous !"
"Qu'est-ce qui t'a pris de nous mentir ! Ton père aurait eu honte de toi !"
"Tu vas finir par être vieille avant l'âge, à être élevée par des vieux !"
"On ne pourra plus jamais te faire confiance."

"Tu vas regretter amèrement ton choix."
"Tes grands-parents n'ont voulu ta garde que pour ton argent. Ils ne t'aiment pas."

On me répétait sans cesse également à quel point j'étais idiote. C'était si violent et traumatisant pour moi qu'il y a beaucoup de paroles que j'ai omises de ces moments-là. J'avais vraiment l'impression qu'on me traitait comme une adulte alors que je n'avais que 12 ans… Je me sentais littéralement humiliée. C'est à partir de cette période que j'ai commencé à faire pour la première fois des crises d'angoisse. Pour ceux qui ne savent pas ce que c'est ou qui n'en ont jamais vécu : c'est un état émotionnel extrêmement intense et désagréable car on pleure énormément (sans pouvoir s'arrêter). On tremble aussi beaucoup. En plus de cela, on est tellement atteint psychologiquement qu'on a énormément de mal à respirer. Cette crise se manifeste quand nous avons l'impression que nous sommes sur le point de mourir. Quand on vit (ou qu'on a l'impression de revivre) un traumatisme, c'est l'effet inconscient qu'on en tire et qui déclenche cet état intense de crise d'angoisse. Ces crises peuvent durer de 30 minutes à plusieurs heures. C'est très difficile à calmer, d'autant plus quand on n'a pas d'épaule solide à nos côtés. Je me sentais complètement démunie puisque j'étais seule contre 3 personnes qui m'humiliaient et qui m'ont fait vivre des crises d'angoisse chaque weekend que je devais passer du côté de cette famille. Sans sœur, frère ou cousin pour partager cette souffrance mutuelle intense.

Nous verrons d'ailleurs dans la partie 2 de ce livre comment réussir à gérer une crise d'angoisse.

Pendant de nombreuses semaines, j'avais la boule au ventre rien qu'à l'idée de devoir passer mes weekends chez ma famille paternelle. J'ai même fini par supplier ma grand-mère de ne plus aller les voir tellement que je vivais une terreur et un enfer psychologique…

"On ne peut pas faire ça Léticia. La procédure du juge est comme ça : tu dois passer autant de temps chez ta famille paternelle que maternelle, ce qui est normal."

Je commence à en avoir marre de ces procédures. L'aspect psychologique de l'enfant ou de l'adolescent n'est pas du tout pris en considération dans la justice française. Je trouvais ça tellement injuste. Je n'avais qu'une hâte : avoir 18 ans pour ne plus être obligée de faire quoi que ce soit avec mes 2 familles. Je ne voulais qu'une chose : **être libre pour me libérer de cette prison invisible**. Comme j'étais mineure, je ne pouvais rien faire et j'ai dû attendre pendant d'interminables mois que la violence se calme petit à petit. À part mes amis, il n'y avait personne pour m'écouter ou me comprendre. J'ai toujours considéré mes amis comme "ma vraie famille."
Enfant, j'étais toujours celle qui devait se faire invisible et ne pas s'exprimer… Ma parole n'avait ni sens ni intérêt.

Heureusement, mes relations avec ma famille paternelle se sont nettement améliorées une fois que je suis devenue adulte. Cela me fait penser à une chose : tes ennemis d'hier peuvent devenir tes meilleurs amis de demain ; tout comme tes meilleurs amis d'hier peuvent devenir des inconnus de demain (voir chapitre sur le ghosting.)
Si je peux te donner un conseil si toi aussi comme moi tu as vécu ou que tu vis d'horribles traumatismes à cause de ta famille, écris une lettre dans laquelle tu exposes absolument

toutes les émotions et sentiments que tu ressens à cause d'eux. Tu peux choisir de leur donner cette lettre ou non. Le but étant d'évacuer au maximum ce que tu ressens et de mettre des mots sur tes émotions. Si tu comptes garder ces écrits pour toi, je t'invite à remplir de suite ces lignes pour te décharger du poids insupportable qui pèse en toi :

_____

_____

_____

_____

_____

_____

_____

_____

_____

_____

_____

_____

#4 Une haine qui a besoin de s'exprimer.

Un jour, du haut de mes 14 ans, j'étais chez mes cousins, chez qui j'allais 1 weekend sur 2 quand j'étais enfant. Il y a eu une énorme dispute entre l'un de mes oncles maternels et ma grand-mère pour des problèmes d'argent... Nous étions en haut dans les chambres en train de jouer ensemble, quand nous entendîmes ma grand-mère hurler de toutes ses forces. On a tellement eu peur qu'on est descendu : on a découvert le corps de ma grand-mère qui était complètement étalée sur le sol... Ce jour-là, j'ai compris que, que ce soit d'un côté de ma famille ou de l'autre, rien n'était rose des 2 côtés. Mon oncle l'avait envoyé valser par excès de colère. Je ne l'avais jamais vu dans un état pareil. Suite à cela, ma grand-mère s'est retrouvée avec toutes ses vertèbres cassées. Elle qui courait toujours partout, elle n'était plus en mesure de marcher correctement. Cela a davantage accentué ou peut-être même réveillé les pathologies qu'elle avait enfouies à l'intérieur d'elle-même…

Puis, elle a fait une énorme dépression. Elle se mettait à boire (alors qu'elle prenait déjà pas mal de médicaments) et restait en pyjama toute la journée. Je ne dis pas que tout était rose avec elle, comme dans toute famille, cela nous arrivait de nous disputer de temps en temps ; sauf que, depuis cet accident, ma grand-mère a commencé à devenir de plus en plus malade psychologiquement et elle a fait une crise (elle n'était plus consciente de ce qu'elle disait) en devenant extrêmement méchante en raison de cela et aussi parce qu'elle a développé la maladie de Parkinson. Cette maladie se présente sous forme de dégénérescence de certaines parties du cerveau. La personne qui en est victime a des tremblements au niveau des bras, des mains, du visage, des jambes, ce qui l'empêche de faire des mouvements qui paraissent simples pour les autres : comme prendre un verre pour le mener à sa bouche par exemple.

En revenant du collège, un jour, elle s'est mise à m'insulter de tous les noms. Je l'avais filmée à l'époque pour montrer à ma famille maternelle et prouver que je ne suis pas folle quand je leur raconte ce qu'il se passe à la maison.

"Salope ! Tu n'es qu'une salope !"

"Tu vas finir telle une trainée comme ton grand-père !"

Quand ma famille (oncle, tante et cousins) venait à la maison, elle passait son temps à m'humilier devant eux :

"Tu te maquilles comme une pute !" "Ce pantalon ne te va pas, ça te fait de grosses fesses !" "Cette jupe te grossit, arrête de mettre ça !" "C'est quoi cette couleur de vernis ?! Ça fait trop m'as-tu-vu." "Tu aurais pu t'habiller correctement quand même !"

Cela se répétait à chaque fois qu'ils venaient. J'ai fini au bout d'un moment par comprendre quelque chose… Je ne disais rien au début (chose qu'il ne faut surtout pas faire car tu intériorises ta douleur et cela te ronge de l'intérieur) puis un

jour, j'ai pris le coup de sang et je me suis mise à crier en lui disant :
"De toute façon, tu dis tout ça parce que tu te sens toi-même grosse !"
Ma grand-mère n'a jamais eu une corpulence extrêmement fine. Depuis qu'elle a des difficultés à se déplacer, son surpoids s'est accentué. J'ai compris à ce moment-là que je n'étais que le reflet de l'image d'elle qui ne lui convient pas. Quand quelqu'un nous juge sur notre apparence, il ne faut donc surtout pas le prendre personnellement. La personne qui est en face de nous a tout simplement de gros complexes vis-à-vis d'elle-même. C'est en général purement inconscient. Cela ne sert à rien de le faire remarquer à la personne qui nous manque de respect d'ailleurs, car cela est tellement douloureux pour elle d'avoir ces complexes qu'elle ne pourra pas l'assumer.

Quelles sont les remarques physiques désagréables que l'on t'a déjà dites ?

_____

_____

_____

_____

_____

_____

Quels sont les "défauts" chez la personne en question ? (exemple : la personne te critique, car tu es en surpoids, est-elle elle-même en surpoids ? ou a-t-elle une partie de son corps

assez imposant comme le nez ou les doigts par exemple ?)
Quels sont les défauts que tu remarques chez lui et qui font
écho face à ce qu'il te reproche ?

_____

_____

_____

_____

_____

_____

#5 *Des troubles physiques conduisant à des troubles mentaux.*

Un jour, durant cette même année, au mois de juillet, nous étions dans notre résidence secondaire à Hossegor (dans les Landes.) Il y avait l'un de mes 2 oncles maternels (Philippe), ma tante (que nous allons appeler Virginie), mes 2 cousins (que nous allons appeler Matthias et Thibault) et mes 2 grands-parents. Nous avions l'habitude, tous les ans, de nous retrouver dans cette maison pour passer les vacances ensemble.

Ma grand-mère était toujours dans sa période où elle restait en pyjama et où elle buvait beaucoup… C'était le fait de mélanger ça à ses médicaments qui la rendait aussi méchante et agressive. Elle passait son temps à critiquer les membres de la famille. Elle avait ce don pour mettre en avant uniquement leurs défauts.

Un matin, nous avions décidé de partir à la plage avec ma tante et mes 2 cousins. Mon grand-père et mon oncle étaient partis plus tôt que nous pour aller faire du vélo. Ma grand-mère, ne pouvant plus se déplacer correctement, était contrainte de rester seule dans la maison.

"Vous n'avez pas honte de me laisser toute seule ici ? Puisque c'est ainsi je vais boire ! ça me calmera de votre méchanceté. Si je meurs, vous aurez ma mort sur la conscience !

- 'Faut pas l'écouter. Elle fait ça pour se rendre intéressante." Nous disait ma tante Virginie. "Elle fait du chantage affectif. Venez, on s'en va avant que ça dégénère…"

Comme l'expliquerait la psychologue Yvonne Poncet-Bonissol, la perverse (ou le pervers) narcissique a une peur considérable de la mort. C'est pour cela qu'elle souhaite rendre coupable de la sienne. Elle a besoin d'être coupable post-mortem, cela lui permet d'entretenir la culpabilité même après son décès. La culpabilité est une arme très puissante chez le(la) pervers(e) narcissique.

En rentrant de la plage pour le déjeuner, ma tante, mes 2 cousins et moi, nous nous dirigions vers l'entrée principale, mais elle était fermée de l'intérieur.

Mon cousin Matthias, le plus âgé de nous 3, toqua au travers de la porte-fenêtre située à côté, puis hurla :

"Ouvre mamie, c'est nous ! Maman a oublié ses clés."

Le temps que ma grand-mère se déplace avec difficulté, nous attendions quelques minutes. Puis, elle s'exclama :

"Vous ne rentrerez pas ! Avec ce que vous m'avez fait ! Vous vous foutez de moi ! Bon débarras ! Je n'ai pas besoin de personnes comme vous chez moi !"

Nous nous regardions tous les 4, choqués. Nous rigolions de nervosité et mon cousin Matthias dit :

"Bon benh on peut peut-être essayer les autres portes, ne sait-on jamais…

- Papi et tonton ont une autre paire de clés de toute façon." Je faisais remarquer.

" Oui mais vu l'heure ils ne sont pas prêts de rentrer tout de suite", disait ma tante. Nous essayons de contourner la maison, cherchant une autre entrée possible. Ma tante et mon plus jeune cousin essayèrent l'autre porte-fenêtre, mais en vain. Matthias et moi essayons la porte-fenêtre située derrière la maison. Notre grand-mère avait absolument fermé toutes les portes... On se rejoint alors tous les 4 devant la maison et je demandai :

"Qu'est-ce qu'on fait maintenant ?"

On entendait ma grand-mère qui hurlait toute seule dans la maison.

"Mais à qui elle parle ?" rigolait Thibault.

"Je pense que ça ne sert plus à rien de chercher à comprendre..." soupira Virginie. "On va aller s'acheter des sandwichs au centre-ville et on reviendra quand elle se sera calmée et surtout quand votre grand-père et Philippe seront rentrés."

Le(la) pervers(e) narcissique fait tout pour se rendre intéressant(e), jusqu'à même se rendre ridicule. Son intérêt étant de se présenter comme la victime pour qu'on puisse la plaindre, pour qu'elle se sente légitime de critiquer ceux qui ne se sont pas occupés de lui (elle.) Le(la) pervers(e) narcissique a une très grande immaturité émotionnelle. Il(elle) ne sait pas comment accueillir ses émotions et les exprimer de façon posée, non violemment.

#6 Une culpabilisation même après l'émancipation.

Quand je pars de chez ma grand-mère à l'âge de 19 ans pour mes études, elle ne fait que de me reprocher et de me faire culpabiliser par rapport à ça (le pervers narcissique a horreur quand vous n'êtes plus sous son emprise.)

"Depuis que tu es partie, je suis en dépression." Me dit-elle. Ma grand-mère insiste pour que j'aille la voir le plus souvent possible, mais c'est infaisable pour moi d'y aller autant de fois qu'elle le veut puisqu'elle me fait trop de mal. Je vais quand même voir mes grands-parents de temps en temps, partager entre le fait de vouloir profiter d'eux au maximum avant qu'ils disparaissent mais réticente à l'idée de devoir supporter la folie implacable de ma grand-mère.

Plus le temps passe, plus il est difficile de communiquer normalement avec elle. Elle monopolise les conversations à table et nous coupe la parole dès qu'on essaye d'ouvrir la bouche. Il faut pouvoir réussir à s'imposer avec elle pour parler. Tous les sujets doivent être constamment ramenés à elle (le pervers narcissique est très égocentrique). On n'a pas non plus le temps d'aller mal. Il faut être là pour l'aider et la sauver constamment. Avec les étrangers, c'est tout autre chose, car elle se présente comme "la mamie gâteau", "la mamie parfaite", "la mamie empathique", toute gentille et toute mielleuse, mais quand les étrangers s'en vont... Elle fait vivre, aux membres de sa famille, un véritable enfer. D'où le fait que je préfère aller la voir quand il y a quelqu'un d'autre. Quand nous sommes plusieurs membres de la famille, elle est toujours fidèle à elle-même, c'est-à-dire très, dure et sèche, mais reste quand même plus calme que si je me retrouvais seule avec elle et mon grand-père.

Elle passe son temps à nous parler pour 2 choses :
- Soit pour critiquer les autres ou nous juger.
- Soit pour donner des ordres.

Les types de phrases qu'elle peut enchainer d'un coup à mon grand-père -et de façon répétée-, sont tels que :
« Ferme ta bouche quand tu manges ! »
« Lave-toi les mains... ! »
« ...Et au savon ! »
« Tu t'es bien frotté entre les doigts ? Tu ne sais même pas te laver les mains correctement ! »
"Ensuite, attrape le saladier, je vais en avoir besoin, tu sais bien que je ne peux pas l'attraper moi-même avec ma tremblote !"
« Préchauffe le four avant de mettre le plat dedans ! »
Si ses ordres ne sont pas satisfaits dans l'immédiat, elle se met à faire une crise de colère, comme un enfant capricieux qui n'obtient pas ce qu'il veut. Même si on l'obéit parfaitement, elle n'est jamais satisfaite. Cela ne lui convient jamais. Quand on ne la connait pas, on ne fait alors que de se remettre en question et de douter de ses capacités tellement qu'elle nous fait comprendre qu'on est un moins que rien.
Elle se dit parfois à elle-même, comme un aparté dans une pièce de théâtre :
"Il faut tout lui dicter à ce bestiau-là !
- Si t'es pas contente, t'as qu'à le faire !
- J'peux pas avec ma maladie, tu le sais bien ! C'que tu es vache de m'dire ça !
- Alors, arrête de commander !
- Il le faut bien sinon ça ne te viendrait même pas à l'idée ! Ça fait plus de 60 ans que j't'entretiends alors c'est à mon tour maintenant d'avoir le beau rôle ! J'ai toujours dû travailler pour rembourser tes dettes ! Ah ça, tu ne t'en vanteras pas !"

S'enchainent hurlement et reproches de la part de ma grand-mère... On a beau lui répondre, cela est un cercle vicieux sans fin. Rien ne peut l'arrêter dans les critiques. Quand ce n'est pas nous, ce sont d'autres membres de la famille qui s'en prennent plein la figure... Mais ceux qui s'en prennent le plus... il s'agit de mon grand-père et moi. Avec une voix rauque, extrêmement agressive et portante (il faut prendre en considération le débit de la voix et l'émotion imprégnée dedans, qui sont tout aussi traumatisantes que le contenu), elle me hurle dans toute la pièce de la maison, -alors que je n'ai absolument rien dit ni rien fait- :

"De toute façon, tu ne viens ici que par intérêt ! Tu t'en fous de nous voir. Tu ne sauras même pas au courant quand on sera mort ! On ne peut jamais compter sur toi !"

Quelques secondes de silence puis cela reprend. Mais les silences ne durent pratiquement pas.

"Plus tu grandis, plus t'as le physique de ta mère et le caractère de ton père ! La même crasse ! T'es qu'une feignante comme lui !"

Pour un père que je n'ai jamais connu… Pour une personne qui n'est même pas en mesure de se défendre…

Ces propos sont tellement inécoutables que, soit j'écoute de la musique, soit je hurle pour me protéger :
"Tu vas arrêter un peu de tout le temps critiquer comme ça !
  - Qu'est-ce que tu peux être méchante ! Je ne mérite pas ça ! J'vais me suicider comme ça, je débarrasserai le plancher !"

Elle pense avoir la vie dure alors que c'est elle qui se crée cet enfer. Le pervers narcissique est en réalité une victime. Il se plaint constamment et en fait subir les autres comme si c'était de leur faute alors que c'est le pervers narcissique lui-même qui crée les histoires.

Comme vu précédemment par rapport au fait qu'on est le miroir de ce que les autres nous reprochent physiquement, il en est de même pour les remarques liées à la personnalité.

D'ailleurs, quels sont les reproches que ta famille te fait souvent ?

_____

_____

_____

_____

Par rapport à ce que j'ai expliqué sur le fait que tu es le miroir de leurs défauts, qu'est-ce que cela signifie chez eux, à ton avis ? (par exemple, j'ai compris que ma grand-mère me juge comme une trainée parce qu'elle a dû elle-même tromper mon grand-père dans le passé. Ma famille paternelle me reproche de leur avoir menti parce qu'eux-mêmes ne m'ont jamais raconté la vérité sur la raison du décès de mon père.) Réfléchis bien à ce que tes parents ou ta famille se reprochent à eux-mêmes. Quand tu fais réagir quelqu'un sur tes "défauts", c'est toujours parce que tu mets en lumière des aspects qui les dérangent chez ceux qui te jugent et critiquent. Cela est souvent inconscient pour eux.

_____

_____

_____

_____

_____

_____

_____

Tous ces mots que l'on nous dit sont amenés de sorte que l'on culpabilise. Que l'on soit aux côtés du pervers narcissique ou que l'on ne le voie plus, cela ne va jamais. Cela va même encore plus loin, car avec un pervers narcissique : on culpabilise même de vivre. On culpabilise d'exister et cela amène à une très grande blessure de rejet.

Tu n'es pas là pour ceux qui te font culpabiliser. Tu existes, car tu as d'énormes ressources en toi que tu dois partager au monde ! à des personnes qui réalisent à quel point tu es quelqu'un d'unique. Tu as de multitudes expériences que tu dois transmettre à travers ta créativité. La seule personne que tu dois convaincre de toute la valeur que tu représentes : c'est toi-même. Personne ne peut te l'enlever.

Tu dois surement connaitre l'histoire du billet de banque sur lequel on piétine dessus de nombreuses fois. Pourtant, tu voudras toujours de ce billet, même une fois froissé, parce qu'il aura toujours la même valeur à tes yeux. Il en est de même pour toi.

#7 L'entourage qui minimise le problème.

"Tu sais comment elle est", "elle dit ça pour ton bien, mais c'est sa façon à elle de t'aimer", "ne prends pas mal ce qu'elle te dit, elle est méchante sans s'en rendre compte". C'est extrêmement douloureux pour la victime du pervers narcissique d'entendre ce genre de remarque, car c'est comme si on voulait lui faire comprendre que ce qu'elle ressent n'est pas à prendre en considération et que ce que fait le pervers narcissique n'est pas si dramatique que cela. Alors que c'est très dangereux d'être au contact d'un pervers narcissique. Aussi, la douleur que subit la victime d'un pervers narcissique est extrêmement douloureuse. Cela fait ressortir des émotions très désagréables.

Je t'invite à parler de tes histoires à des personnes plus compréhensives, voire même de t'adresser à des personnes qui ont vécu des histoires similaires aux tiennes afin que tu puisses te sentir compris.

#8 Les problèmes du pervers narcissique.

Le pervers narcissique est dans le déni total. C'est ça qui nous rend fous. Il n'a aucune objectivité sur la situation. Il n'a pas conscience du mal qu'il fait. Il n'a aucune lucidité sur la situation.

On m'a toujours reproché d'être trop ferme et dure avec ma grand-mère, mais si je ne m'étais pas rebellée, je serais peut-être morte à l'heure actuelle… C'était ma façon à moi de me défendre, de me protéger et de survivre. Sans cette colère intense, je me serais laissé marcher dessus et je me serais senti encore plus écrasé par une grand-mère oppressante et transpirante de négativité. Le respect ne peut pas exister entre un pervers narcissique et sa victime. Cela ne sert à rien non plus de négocier avec lui, car il restera toujours enfermé dans ses idées. Le pervers narcissique ne sait pas se remettre en question.

Le vrai problème vient du fait que ma grand-mère s'est toujours plainte qu'elle n'avait pas fait le bon choix par rapport à son mari. Et qu'elle l'a regretté toute sa vie. Elle nous le fait payer à chaque fois qu'on la voit… "J'aurais dû empoisonner ton grand-père !" a-t-elle souvent dit… Sauf que l'on n'a pas à subir les erreurs et les regrets des membres de notre famille. Je te le dis à toi, qui me lis :

Tu n'es pas responsable des choix faits par les membres de ta famille. Et tu n'es pas responsable des choix faits par d'autres personnes d'ailleurs (collègues, amis, conjoint).

Je t'invite à relire ces 2 phrases plusieurs fois.

Il est impossible pour le(la) pervers(e) narcissique de sortir de son propre regard sur lui(elle) et ses désirs. L'autre n'existe pas. Il(elle) a une déconstruction totale de lui(elle)-même. Il (elle) ne peut pas être empathique, car il(elle) voit l'autre comme un objet et non comme un sujet.

La mère est censée être là pour aimer et protéger son enfant. Sauf que la mère perverse narcissique fait semblant d'aimer pour avoir quelque chose en retour (qu'on lui rende un service, qu'on lui donne un compliment par exemple.) Ma grand-mère me dit souvent (quand elle envoie mon grand-père faire les courses) : "tu as vu, c'est MOI qui ai pensé à t'acheter tes yaourts au chocolat préférés."

Le pervers narcissique a un dysfonctionnement : il se nourrit de l'énergie des victimes, car il est complètement vide en lui. La mère ou le père pervers narcissique aime, mais aime mal. Les propres parents de ce père ou de la mère perverse narcissique l'ont élevé comme s'il ou elle était un objet. Le pervers narcissique est un enfant qui n'a pas réussi à guérir de ses blessures intérieures, mais nous ne pouvons pas l'aider puisque lui-même n'arrive pas à se sauver.

Ce qui renforce la douleur, c'est qu'on est dans le mystère et le silence. Le pervers narcissique n'explique rien sur son enfance ou de façon très partielle, même quand on lui pose des questions. Ma grand-mère ne parle que des souffrances avec son mari. Mais je suis persuadée que pour qu'un pervers narcissique en arrive à être comme il est, c'est qu'il a subi des traumatismes dans son enfance qu'il n'a toujours pas réglée. Et il en fait subir les autres... C'est ce que l'on appelle le trauma transgénérationnel. Tant que les traumatismes ne sont pas réglés à l'intérieur de nous, nous les ferons subir à nos propres enfants.

C'est pour cela qu'il est très important de comprendre et de régler d'abord ses traumatismes et son passé douloureux avant de faire un enfant.

Ma grand-mère, quand elle est dans des accès de colère, apprécie me dire : "Je suis restée avec ton grand-père à cause de toi sinon, il y a longtemps que j'aurais divorcé !"
La culpabilité est tellement intense et nous a été tellement ancrée depuis l'enfance (je pensais même à un moment donné être responsable de la mort de mes 2 parents) qu'on a besoin de se justifier et de s'excuser sans arrêt. Quand tu prends conscience de cela, tu arrêtes de t'excuser pour tout et pour rien et tu réalises que tu n'es pas obligé de te justifier ou de t'excuser sans cesse pour que les autres t'acceptent et t'aiment. Si c'est le cas, tu ne mérites pas ce genre d'individu ! Et si tu

n'arrives pas encore à faire cela, c'est que ton sentiment de culpabilité est encore présent en toi.

Tu ne dois rien à personne et personne ne te doit rien. Si quelqu'un est déçu par tes actions, remets-toi en question par rapport à ce que tu as fait de mal ; mais tu ne dois pas te remettre en question par rapport à la responsabilité de l'autre. Si on ne cherche pas à t'écouter ni à te comprendre, passe ton chemin et ne cherche jamais à te justifier. Dire oui aux autres, c'est se dire non à soi-même. Apprends à être égoïste et à faire passer tes propres besoins avant les désirs des autres.

#9 Être enfant de remplacement (enfant pansement).

Ce qui ajoute de la complication dans cette histoire, c'est que j'ai été l'enfant pansement de ma grand-mère.

Ma grand-mère n'ayant jamais fait le deuil de son enfant (ma mère), elle a vu en moi une nouvelle version de sa fille. Souvent, elle m'appelle par le prénom de ma mère au lieu de m'appeler par mon prénom. C'est comme si mon être n'existait pas que ma personnalité passait inaperçue, car j'ai pris la place d'une personne décédée. Quand on est enfant-pansement, on culpabilise dans le fait d'exister, car nous avons l'impression inconsciente que c'est notre faute que ce deuil s'est déroulé, car nous reprenons la place.

On est à la fois objet de deuil de réparation et à la fois on se construit sur une identité très confuse.

On a alors peur d'être abandonné, rejeté. On se sent dans une insécurité constante. Être élevée par une perverse narcissique (ou un papa pervers narcissique) qui nous prend en même temps pour "un enfant de remplacement" nous conduit inévitablement vers des relations amoureuses avec des pervers narcissiques (des relations destructrices et mortifères), car on recherche en l'autre la partie morte que l'on a gardée en soi.

#10 À retenir de ce chapitre :

- Pour comprendre une chose, il faut en venir à son origine. Si tu as des problèmes relationnels, il faut te mettre face aux blessures que tu as vécues avec le parent ou le frère/la sœur du même sexe que la personne avec qui tu es en conflit.
- Pardonne ton père ou ta mère qui est un(e) pervers(e) narcissique. Ton père ou ta mère ont fait ce qu'ils pouvaient. Elle (ou il) est ce qu'elle (il) est. Elle (il) ne te fait pas de bien donc tu prends ce qui est bon à prendre et tu rejettes le reste. Même dans la négativité extrême, on peut toujours trouver un peu de bon.

- Il ne faut pas en vouloir au pervers narcissique, car c'est un être en souffrance extrême.
- Tu n'es pas responsable des choix des autres. Même si ces derniers font partie de ta famille. Tu n'es pas non plus responsable de leurs souffrances.
- Quand quelqu'un juge ton physique ou même ta personnalité, c'est parce que cette personne a des complexes vis-à-vis d'elle-même. Nous sommes simplement le miroir des autres. Nous mettons en avant ce qui les dérange chez eux.
- Une personne est nocive pour toi si tu te sens mal après l'avoir vu. Cela se renforce davantage si elle te fait vivre des crises d'angoisse.
- Le pervers narcissique est gentil avec les inconnus et est un véritable monstre une fois qu'il est face à ses proches.
- Le(la) pervers(e) narcissique se sert de l'alternance entre le chaud (nous donne de l'affection et de l'attention) et le froid (critiques, ignorance sur une longue période…), car il nous voit comme un objet avec lequel il s'amuse pour satisfaire sa carence narcissique.
- Le(la) pervers(e) narcissique aime culpabiliser.
- Le(la) pervers(e) narcissique aime isoler.
- Le(la) pervers(e) narcissique est égocentrique. Il (elle) pense que le monde tourne autour de lui (d'elle.) Il (elle) n'a aucune empathie. Il (elle) est égoïste aussi, car il/elle offre aux autres dans le but de montrer qu'il/elle est important (et au-dessus des autres qui ne sont pas généreux) et non pour faire plaisir à l'autre.
- Le(la) pervers(e) narcissique est incapable de donner de l'amour, mais aussi d'en recevoir. La conception de l'amour chez lui(elle) est complètement biaisée.

- Le pervers narcissique a un égo si surdimensionné qu'il est incapable de voir le monde de façon objectif.
- Les gens qui ne se remettent jamais en question pensent que le problème vient des autres. Tu gaspilles ton énergie à essayer de les convaincre. Concentre-toi plutôt sur des activités et des personnes qui t'apportent un sentiment de sérénité, de joie, qui te comprennent, te respectent, ne te jugent pas et qui savent se remettre en question sur leurs propres pensées et responsabilités. Concentre-toi aussi sur le fait d'apprendre à te connaitre.
- Tes ennemis d'hier peuvent devenir tes meilleurs amis de demain ; tout comme tes meilleurs amis d'hier peuvent devenir des inconnus de demain.
- Fait passer tes propres besoins avant les désirs des autres.
- Quand tu vis une relation avec un pervers narcissique au sein de ta famille, la seule solution est de prendre énormément de distance avec lui (elle). Si cela est trop douloureux pour toi, tu peux même choisir de couper les ponts.
- Ne fais pas d'enfant ou n'adopte pas d'enfant tant que tu n'as pas réglé tes propres traumatismes et tes blessures intérieurs.

Chapitre 2 : Nathanaël, l'archétype du sauveur.

#11 Une rencontre inattendue.

Nous sommes début 2013. À cette époque, j'ai 16 ans. Je suis chez mon meilleur ami que je considère comme un frère. Nous allons l'appeler Timéo.

Avec Timéo, on s'est rencontré à l'âge de 3 et 2 ans. Il est né en Bulgarie et est arrivé en France en 1999 avec sa mère adoptive. Nous nous sommes rencontrés par le biais de ma grand-mère paternelle et de sa grand-mère maternelle, qui sont très amies.

Nous avons toujours été très proches, surement en raison des traumatismes que nous avons ressentis depuis petit. Étant enfant adopté, Timéo a toujours eu cette blessure de l'abandon. Pourquoi ses parents l'ont-il abandonné ? Nous avons pensé au début qu'ils étaient peut-être trop pauvres pour pouvoir s'occuper de Timéo.
Et pourquoi lui ? Aucun enfant ne mérite de subir la perte de ses parents. Même s'il ne sait pas s'ils sont encore vivants ou

non, ils n'ont jamais existé à ses yeux. Les vrais parents ne sont pas ceux qui nous ont fait naitre, mais bien ceux qui ont contribué à notre éducation.

Timéo a donc été élevé par sa mère. Comme moi, il n'a pas énormément de famille proche. Sa mère l'élève seule. Il a sa grand-mère et également un autre membre de sa famille qui se sont occupés de lui. Timéo le considère comme un oncle. Nous allons appeler ce dernier Nathanaël.

À cette époque-ci, Timéo est très proche de Nathanaël. Il vient lui rendre visite régulièrement. En ce jour d'avril 2013 (j'ai 16 ans à l'époque), je m'en souviendrai toujours. Cela faisait à peu près 4 ans la première et la dernière fois que je l'avais vu. Je le trouvais vieilli, mais il avait toujours cette manière spéciale de se tenir. Il n'est pas très grand, mais rempli de charisme. Les épaules larges, le dos droit et le visage carré. Nous pouvons clairement sentir que cet homme a pleinement confiance en lui. Physiquement, il avait un petit air de James McAvoy dans la bonne trentaine, avec les yeux verts et la peau légèrement plus foncée. Il portait une veste longue, beige impeccable et un chapeau noir. Ses vêtements étaient principalement constitués de noir.

Quand il ouvrait la bouche, cela ne faisait que d'amplifier son charisme et la marque de sa confiance en lui. Il posa son chapeau et sa veste sur le portemanteau et s'exclama :

"Bonjour Timéo !"

Il avait une voix pas très grave, charmeuse et tout aussi juvénile qui portait bien, tel un homme de théâtre.

Ils se firent la bise. J'étais derrière mon ami, assez gênée, car je ne connaissais pas du tout Nathanaël.

Nathanaël prenait Timéo par le bras tout en lui faisant la bise. Il lui fit un grand sourire puis s'aperçut que j'étais caché derrière lui :

"Bonjour... Oh, mais... Tu ne serais pas Léticia par hasard ?
- Si c'est moi ! Bonjour.
- Je me souviens de toi il y a quelques années au restaurant. Il y avait Annia et ta grand-mère. Comme ça fait longtemps...
- Oui, en effet !
- Et sinon Timéo, les cours, comment ça se passe pour toi ?
- Écoute, je fais comme je peux. Ce n'est pas facile, mais je m'accroche.
- Je t'ai toujours dit : travaille intelligemment ! Ne travaille pas dur. C'est différent.

Nous continuâmes à discuter de la scolarité de Timéo puis même de l'actualité tout en nous dirigeant vers la cuisine. Ensuite, nous enchainons sur un gros problème que Timéo et moi rencontrons à cette époque-là et qui est un souci majeur chez les adolescents : l'acné.

" Je ne comprends pas pourquoi nous avons tous de l'acné maintenant alors que ce n'était pas autant présent avant chez les adolescents et les jeunes adultes avant", remarquait Timéo.

" Il y a énormément de facteurs qui vont contribuer à l'apparition de l'excès de sébum", commença Nathanaël. Il positionne ses doigts de sorte à compter ses énumérations : "la pollution, la génétique, l'alimentation, les médicaments, les cosmétiques… ou ce sont les hormones qui la provoquent.

- C'est tellement moche d'avoir des boutons, je donnerais n'importe quoi pour m'en débarrasser… j'ai commencé le traitement de Roaccutane, bien qu'on m'ait dit que cela pouvait amener à une dépression… mais les moqueries au collège m'ont tellement atteint que même si je dois souffrir, je le fais, disais-je, désespérer.

- Les médecins te donnent des médicaments pour régler les symptômes, à savoir les boutons, mais pas pour régler la cause du problème, à savoir tout ce que je t'ai dit. Quand bien même ton traitement enlève tous tes boutons, ce n'est que superficiel et temporaire, ils reviendront plus tard.

- C'est fait exprès pour que tu reviennes les payer ? demanda Timéo.

- La médecine est devenue un business, elle n'est plus faite pour soigner les malades. Le mieux est d'appliquer des solutions naturelles, comme les recettes de grand-mère. C'est bien moins couteux et efficace. La plupart des gens ne réalisent pas toutes les merdes qu'ils mangent et qu'ils se mettent sur la peau. C'est comme ça qu'on se retrouve avec des adolescents comme vous qui souffrent de la multitude de leurs boutons.

- Comment pourrait-on faire pour régler notre acné alors dans ce cas ? demandait Timéo.
- Je vais vous fournir des noms de produits que vous allez vous procurer. Tiens Timéo, passe-moi un papier et un stylo s'il te plait."

Mon ami se dirigea vers le salon et sa voix résonnait au loin de moins en moins fort au fur et à mesure qu'il s'éloignait :

"Ah oui ce n'est pas les produits dont tu m'avais parlé une fois ? Chez Naturalia ?...

- Oui c'est ça.
- … Tu sais Léti, avant Nathanaël il était nutritionniste alors il sait de quoi il parle !
- Ah oui en effet.
- Où est-ce que j'ai fichu mon paquet d'A4…
- Bon sinon, ce qu'on pourrait faire, c'est que tu me donnes ton numéro Léticia et je t'enverrai les informations par message, ça te dit ?
- Si c'est plus simple, oui.
- Revient Timéo ! Le papier peut être perdu donc c'est plus pratique de faire comme ça.
- C'est vrai en plus…
- Je le retrouve plus de tout de façon, soupirait Timéo tout en revenant du salon.

Nathanaël alla chercher son téléphone dans la poche de son manteau.

"Alors, 06… ?"

Je lui ai donné mon numéro. Puis, Nathanaël expliqua à Timéo qu'il allait également lui envoyer les noms des produits par SMS.

Nous continuons toute l'après-midi à discuter. Je réalisais à quel point Nathanaël n'était pas un homme comme les autres... Il avait une façon de choisir ses mots avec soin et d'analyser les situations et l'actualité de façon pertinente. C'est rare de rencontrer des personnes comme cela. Ayant tendance à m'ennuyer facilement, je me sentais stimulée intellectuellement. J'avais l'agréable sensation de discuter avec quelqu'un à mon niveau et même de plus intelligent que moi. Ce type de personne te pousse vers le haut, te fait réfléchir et te pose des questions sur des faits que tu n'aurais jamais pensé en étant seul ou avec d'autres personnes. Elle t'instruit et te pousse à avoir une nouvelle perspective face aux situations. C'était extrêmement enrichissant. J'en étais agréablement surprise puisque j'en n'en avais pas l'habitude. Je rêvais d'un monde où beaucoup plus de personnes pensaient de la même façon que lui et auraient la même intelligence que lui.

Le lendemain, je me trouvais dans le couloir du lycée en attendant le prof pour commencer le cours. Je sentais mon téléphone vibrer dans ma poche. Nouveau message d'un numéro inconnu :
"Comme tu as grandi..."
Surpris par ce message, je ne répondais pas sur le coup. Je rentrais dans la salle de cours, un peu perturbé, j'essayais de me concentrer comme je pouvais. Déjà que j'avais du mal à écouter en temps normal, je passais mon temps à rêvasser à travers la fenêtre. Cette fois-ci, je me posais 1000 et 1 questions sur ce message particulier. Je n'attendais qu'une chose : que le cours se termine. C'était insupportable. Je finis par regarder discrètement mon téléphone. Un nouveau message !
"Tu as beaucoup d'atouts. C'est dommage que tu n'aies pas confiance en toi."

Comment le sait-il ?

"Voudrais-tu que l'on se voie ? Je pourrais te parler plus en détail des produits bénéfiques que je conseillais à mes patients à l'époque où j'étais nutritionniste."

Intéressant. Qu'est-ce que j'avais à perdre à refuser cette invitation ?

#12 Une discussion philosophique passionnante sur Dieu.

Nous sommes dans un centre commercial dans le Val de marne. Nous avions rendez-vous devant la boulangerie du 2e étage. N'étant pas quelqu'un de très ponctuel, j'arrive avec quelques minutes de retard. Il était déjà là. Debout, observant les passants. Même de loin, on sentait que c'était un individu pas comme les autres. Le dos droit, les mains se joignent de sorte à laisser pendre de façon raide ses bras. Il scrutait du regard les personnes au loin, tel un scientifique qui examinait avec attention l'expérience qu'il travaillait.

Mon cœur battait la chamade. Pourquoi avais-je accepté ce

rendez-vous ? Après tout, nous n'avions pas le même âge… Qu'est-ce que les personnes autour vont penser ? D'un côté, j'avais cruellement envie d'en apprendre plus sur cet homme mystérieux, de l'autre, le regard des autres me faisait honte et peur à la fois. Je ne suis pas du tout du genre à poser des lapins, mais le fait d'aller à son encontre n'allait-il pas me provoquer des problèmes ? Je n'avais pas du tout confiance en lui, et dans le fond, je ne sais pas ce qu'il me voulait. Peut-être se sentait-il seul ?

Nous nous dîmes bonjour mutuellement. Il avait le sourire jusqu'aux oreilles. Il me demanda sincèrement si j'allais bien puis me déposa ses lèvres sur une seule joue. Le bruit était tellement fort que même la serveuse qui était au fond du petit restaurant de la boulangerie l'aurait entendu. Cela faisait tellement longtemps que l'on ne m'avait pas fait la bise avec autant d'affection que cela m'a fait un drôle d'effet au niveau du ventre.
" Tu veux que je t'offre quelque chose ?
- Non merci.
- Je suis sûr qu'il y a quelque chose qui te fait envie ici," il me désignait du menton les lignées de gâteau rangées soigneusement derrière la vitre.
"Je t'assure que je n'ai besoin de rien.
- Ne dis pas "je t'assure" alors que ce n'est pas vrai. Tu sais, chez Timéo, j'ai remarqué quelque chose chez toi.
- Ah oui, c'est quoi ?
- Quand on te propose de boire un verre, tu refuses toujours par peur de déranger l'autre ; mais si on insiste bien…, il se dirigea plus près de la caisse. "Bonjour Mademoiselle, je vais vous prendre une bouteille d'eau citronnée s'il vous plait et aussi…, puis il s'adressa à moi, qu'est-ce qui te ferait plaisir, dis-moi ?

- Une canette d'Ice Tea s'il vous plait.
- Tu vois que tu avais envie de quelque chose", me disait-il en rigolant.

Nous marchions côte à côte dans les couloirs du centre commercial, tout en buvant nos boissons. Je n'osais pas croiser le regard des gens, par peur de ressentir le jugement dans leur visage. Je me concentrais sur le moment présent. Ce qu'il se passait autour de nous, bien que le centre commercial fût pas mal animé ce jour-là, avait disparu. C'est comme si nous étions dans une séquence de film, juste lui et moi. Nous discutions de mes cours principalement puis, vint un moment de silence. Au bout de quelques secondes, il me demanda :
"Est-ce que tu crois en Dieu ?
"Je vais faire mon baptême et ma première communion assez tard, car les évènements vont se dérouler au mois de mars et avril prochain donc oui, bien sûr que j'y crois. Et toi ?
- Qu'est-ce qui te fait croire qu'il existe ?
- C'est mon intuition qui le dit. J'ai déjà ressenti sa présence à mes côtés. Je sais qu'il est là. Je ne sais pas comment je pourrais te décrire ses sensations, car elles sont indescriptibles. C'est fascinant à la fois, on se sent

dans un état de bienêtre et de sérénité intense. Je n'ai plus peur de rien dans ces moments-là. En même temps, c'est bourré de mystère. Je me pose sans cesse des questions sur lui. J'aimerais recevoir davantage de signes pour me prouver qu'il est là, qu'il existe.

- Ça ne te suffit pas alors les signes que tu as déjà eus ? Tu en veux toujours plus ? me demandait-il en rigolant.

"Peut-être", rigolais-je. "Je suis toujours sceptique vis-à-vis de tout. J'ai besoin de tout remettre en question et de réfléchir pour comprendre le pourquoi du comment. S'il n'y a pas d'explications aux faits les plus simples jusqu'à notre propre existence même, je me sens mal. Cela me perturbe trop, car je veux découvrir la vérité.

Comment est-ce possible que le hasard nous ait amenés jusque-là ?

- Quand nous étions au début du XIXe siècle seulement, les ondes électromagnétiques venaient d'être découvertes par les physiciens et ingénieurs. Pourtant, ces ondes existaient bien avant, n'est-ce pas ?

- C'est certain. C'est comme une personne qui habite en Inde alors qu'il y a un groupe de musiciens qui joue devant la Tour Eiffel. Les instruments de musique existent bien : du son se produit d'eux. Pourtant, la personne qui habite en Inde ne les entend pas. Ce n'est pas parce qu'il ne les entend pas qu'il doit réfuter l'existence de ce groupe.

- Exactement. " Un léger sourire se dessina sur son visage. Il s'arrêta un instant puis reprit. " Ce n'est pas parce que quelque chose n'est pas visible, audible ou, de façon plus générale, perceptible au niveau de nos 5 sens, qu'elle n'existe pas. Pour Dieu, c'est la même chose." Il s'arrêta quelques instants. "Les gens intelligents croient en Dieu. Croire en sa non-existence ne diminuera jamais la souffrance. Ne pas croire en Dieu, c'est ne pas croire au bien. C'est pourtant l'un des arguments apportés par les athées : comme il y a la guerre et de nombreux malheurs dans le monde, Dieu n'existe pas. Il n'y a pas de jour sans nuit. Il n'y a pas de blanc, sans noir. Sans pile, la face d'une pièce n'existerait pas. Si la guerre est présente, c'est par l'absence de bien. Tout le monde affirme le fait que le mal existe : on le remarque bien avec l'actualité et les atrocités qui se passent dans le monde ; mais il y a aussi de bonnes personnes, qui ont de l'empathie et aiment aider les autres. Le bien existe. Ce n'est pas une question de croyance en Dieu, mais plutôt une question de logique.

- Si on a autant peur de savoir si Dieu existe ou non, c'est bien parce qu'on a peur de notre propre mort... On ne sait pas ce qu'il se passe après, si c'est le noir absolu ou s'il y a une vie, une sorte de transition après la mort. C'est l'inconnu et le néant total. Ceux qui croient en Dieu le craignent parce qu'ils ont peur de la mort. Quelques fois, je me demande donc : les personnes qui croient en Dieu y croient par peur de la mort ou par amour pour lui ?

- La foi se construit à partir d'un amour véritable et non pas à partir de la peur. Ceux qui chérissent Dieu par peur de la mort ne le font pas pour les bonnes raisons contrairement aux autres. À ce propos, il y a un film qu'il faudra que je te prête. Il pose beaucoup de questions sur Dieu. Je suis sûr qu'il va t'intéresser. Toi qui t'intéresses à la philosophie, ce film pose beaucoup de questions philosophiques et est un des rares films à être aussi complet.
- À quel film penses-tu ?
- "2001 : l'Odyssée de l'espace". C'est un film de Stanley Kubrick."

Nathanaël continua à me parler un peu du film, sans rentrer dans les détails. Puis, il commença à me poser des questions sur ma relation avec Gabriel. Il semblait ne pas comprendre que je sorte avec lui. Il m'expliqua que quand je viendrai chez lui, un jour, il me donnera les critères indispensables pour que je me sente épanouie avec un garçon.

Voyant l'heure défiler, Nathanaël me proposa que l'on retourne chacun chez nous sinon mes grands-parents allaient s'inquiéter que je rentre tard. Il me raccompagna devant les tourniquets du métro.

"Je savais que tu étais intelligente, mais je ne me souvenais plus que c'était à ce point-là. On n'a pas fini de nous voir nous deux…" Il me fit la bise, toujours sur une seule joue. Au moment où il s'éloigna, il me fit un clin d'œil.

#13 Quand il sait plus que moi ce dont j'ai besoin.

De retour chez moi, je m'allongeais le dos sur mon lit. J'étais fascinée par cette conversation que j'avais eue avec Nathanaël. Quand mon téléphone vibra. Je bondis.

"Comment ça va mon cœur ?
- Ça va bien et toi ?

- Ça va aussi, merci. Tu as l'air de rigoler qu'est-ce qu'il se passe ?
- Non non rien.
- Bon. Ça te dit que je vienne ce weekend ?
- Ah le weekend qui arrive là ?!
- Bah oui pourquoi ? Tu as quelque chose de prévu ?
- Non non, on peut se voir oui…
- Tu as l'air bien contente de me revoir toi… ! Ça fait pourtant 3 semaines que je ne suis pas venu.
- Si désolée je suis embêtée, mais j'ai beaucoup de travail en ce moment.
- Sinon on se voit, mais je ne t'embête pas plus qu'une après-midi ou une soirée… Tu me manques… ça fait trop longtemps..."

Au fond de moi, très honnêtement, je n'avais pas spécialement envie de voir Gabriel… La profondeur des conversations entre lui et Nathanaël n'était pas comparable. Néanmoins, j'avais des sentiments pour mon copain et il ne me semblait pas raisonnable de voir Nathanaël à la place.
J'envoyais un SMS à ce dernier pour prévenir que je n'étais plus disponible. Il fallait que je réserve l'autre partie du weekend pour faire mes devoirs.

" Il y a ton copain qui vient ce weekend ?

- Oui et ça fait longtemps qu'on ne s'est pas vu...
- Viens plutôt à la maison... Je suis sûr que tu vas t'embêter avec lui. Je l'ai bien compris quand on s'est vu la dernière fois. Tu me l'as bien fait comprendre. Il y a un film que je me dois de te montrer si tu viens. Je suis sûr que ça va t'intéresser.
- Quel film ? "2001 : l'Odyssée de l'espace" ?
- Non, un autre. Tu verras quand tu viendras."

Je ne répondais plus.

" Tu es une fille intelligente et belle. Très sexy même je dirais..."
Durant ces instants, je ne songeais à aucun moment qu'il était en train de me draguer. Vu son âge, cela paraissait être de l'affection pour moi.

" Merci.
- Mais je ne suis pas là pour te caresser dans le sens du poil et te dire ce que tu souhaites entendre... Tu préfères un mensonge qui te rend heureuse ou une vérité qui fait mal ?
- Une vérité qui fait mal...
- Bon. Ton copain-là... Je vais te le dire moi. Il ne fait clairement pas le poids. Tu mérites quelqu'un de mieux ! Quelqu'un à ton niveau. Ça risque d'être dur à trouver pour toi... Tu vas te faire chier si tu continues d'être avec lui."

L'appartement était situé dans un arrondissement peu chic de Paris. En y entrant se trouvait la salle de bain immédiatement à droite. En avançant un peu, je découvrais la pièce principale : une mezzanine à droite avec une petite télévision en dessous datant des années 80, placées sur une commode. Derrière la commode se trouvait une multitude de livres posés dans des étagères. La kitchenette était à droite, collée au mur de la salle de bain. Le canapé se situé en face de la télévision. Une table basse les séparait. De nombreux tableaux immenses et bizarroïdes ornaient les murs de la pièce. Le ménage ne semblait pas avoir été fait récemment.

Étant donné que Nathanaël faisait partie de la famille adoptive de Timéo, j'avais une confiance absolue en lui. Je pensais qu'il ne pouvait rien m'arriver avec lui et qu'il ne voulait que mon bien. Je me disais qu'il était arrivé au bon moment dans ma vie : pour m'aider et me sauver de cette vie ennuyeuse et routinière…

Nathanaël me proposa de l'eau et m'invita à m'assoir sur le canapé. Il s'assoit sur le rebord de sa mezzanine, face à moi.

" Par rapport à ce que je te disais la semaine dernière par message, je vais te dire ce qu'il te faut toi, pour être sûr de tenir longtemps avec un mec. Tu as besoin de quelqu'un de plus grand que toi. Quelqu'un de plus mature. De plus âgé. De plus responsable. Et surtout quelqu'un de plus intelligent que toi.

- C'est difficile de réunir tout ça en même temps en un seul homme…
- En effet, oui.

- De plus beau aussi pendant qu'on y est ?!
- Non. La beauté n'est pas importante. Tu verras, avec le temps, qu'il vaut même mieux que tu sortes avec quelqu'un de pas spécialement beau, mais intelligent plutôt que quelqu'un de très beau, mais idiot… Je le sais car j'ai fait cette erreur par le passé. Quand on est jeune, nous sommes trop souvent attirés par ce qui est beau, car on n'a pas réellement conscience de "l'après". La beauté est éphémère quand on vieillit, tandis que l'intelligence reste.
- Je n'en doute pas.
- Ton copain là… Non seulement il n'est pas à ta hauteur intellectuellement, mais en plus de ça, il n'est pas beau !
- Oh ça va un peu ! Tu le rabaisses tout le temps ! La beauté n'est que subjective de toute façon. "

Nathanaël me regardait fixement, puis sourit en disant :
" Tu mérites mieux.
- Si tu le dis…
- Timéo m'a dit que tu avais des vues sur quelqu'un au lycée… C'est un prof n'est-ce pas ?
- Oui c'est vrai…
- Qu'est-ce qui te plait chez lui ?
- J'aime beaucoup sa manière de s'exprimer, c'est un beau parleur. Avec lui au moins je peux avoir des discussions intelligentes et stimulantes contrairement aux garçons de mon âge qui se comportent encore comme des enfants de 8 ans… J'exagère peut-être pour certains, mais pour moi à peine.
- Les garçons deviennent souvent matures beaucoup plus tard que les filles. Quel âge a ton prof ?
- Je ne sais pas du tout. On doit avoir une quinzaine ou une vingtaine d'années d'écart ?"

Nathanaël rigola.

" Mince, c'est moins que nous deux !
- Et alors ?
- Nan je dis ça comme ça. Tu sais bien qu'on n'a pas le même âge... Timéo a dû te dire que je suis en contact de temps en temps avec son autre copine d'ailleurs.
- Qui ça ? Annia ?!"

#14 Quand il se donne l'image du "sauveur".

Il acquiesce et mon téléphone posé sur la table basse vibrait en même temps.
Je m'en approchais : c'était Gabriel.
"Pourquoi n'as-tu pas répondu ?
- Parce que je suis avec toi et que c'est malpoli de répondre alors qu'on est avec d'autres personnes.
- Une fille amoureuse aurait quand même répondu.
- Ça ne veut rien dire.
- Je te dis que si. Une fille vraiment amoureuse s'en fiche de savoir si elle est polie ou non avec les autres. Sa priorité c'est son mec. Enfin bon... pour revenir à Annia. Tu es au courant de ce qu'il lui est arrivé il y a quelques années ?
- Non, je ne parle jamais avec elle.
- Annia a été abandonné à la naissance et accueilli par une mère célibataire.
- Ça, je le savais.
- Sauf que la mère célibataire en question... n'aurait jamais dû être en droit d'adopter Annia. Elle a toujours été alcoolique et folle. Un jour, elle a incité Annia à venir avec elle sur le balcon de leur appartement. Sa mère était prête à se suicider et elle voulait entrainer sa fille avec elle... Annia a hurlé de toutes ses forces pour ne pas qu'elle saute par-dessus la barrière... Cela n'est

arrivé qu'une fois en plus. Elle ne s'est jamais rendu compte de la gravité des situations. Elle ne pensait qu'à elle. Au lieu d'acheter à manger pour sa fille, l'argent qu'elle recevait était dépensé dans des sacs et vêtements de luxe… Combien de fois Annia est venue chez moi affamée… La pauvre gamine.

Heureusement, Annia est quelqu'un de très intelligent. Écoute bien ce qu'elle a fait alors qu'elle n'avait que 12 ans…

Sa mère fumait beaucoup. Un jour, elle s'était assoupie dans son lit avec sa main pendue au-dessus de la moquette. Sa cigarette était restée allumée… Le feu s'est propagé sur les rideaux puis l'appartement a pris feu en un rien de temps. Annia était en train de dormir. C'est la fumée qui l'a réveillée, heureusement… Elle a eu le réflexe intelligent de s'accroupir sur le sol pour ne pas être étouffée par la fumée. Elle a réveillé brutalement sa mère pour évacuer sur le champ. Et tu sais ce que cette malade a fait ?

- Non ?
- Elle a pris à la va-vite tous ses sacs et chaussures de

luxe pour les emmener avec elle… Elle suivait Annia qui s'est précipitée, -toujours accroupie-, vers la porte d'entrée. Elle hurlait et toquait à toutes les portes des voisins pour prévenir qu'il y avait le feu. Annia dégringolait les escaliers… Elle courait jusque chez moi, pieds nus… on était en hiver à cette époque-là en plus. La pauvre gamine n'avait évidemment pas eu le temps de prendre de quoi se vêtir.

- Tu l'as donc pris sous ton aile.
- Elle a habité ici, avec moi quelques jours. Le temps de trouver une solution pour le logement. Sans moi, elle aurait probablement été à la rue… Heureusement, la DASS l'a récupérée par la suite. Elle était beaucoup mieux logée chez les autres familles d'accueil ; mais sa mère a fait des pieds et des mains pour la récupérer…

#15 Quand il a l'air d'en savoir plus que moi au sujet de ma famille.

- Souvent, je me dis que j'aurais été mieux aussi dans une famille d'accueil plutôt que d'être élevé par mes propres familles…
- "Tes propres familles" ? On en a qu'une de famille ! Enfin, je plaisante. Plus une histoire est tragique et plus un humoriste qui en parle est amusant. C'est ce qu'on appelle de l'humour noir. Dans toute blague, il y a toujours un fond triste et déprimant… À nous de voir dans quel point de vue on se situe.
- Il y a pourtant des situations qui ne sont pas du tout adaptées pour en rire…
- Quand on est ouvert d'esprit, on peut rire de tout. On ne peut juste pas rire de tout avec n'importe qui ! Concernant ton histoire, ça se comprend. Je ne me

permettrais pas. Timéo m'a expliqué.

- Ah bon ? Qu'est-ce qu'il t'a raconté ?
- Tes 2 familles ne se sont jamais entendues. Depuis la disparition de tes parents, tu as toujours vécu un weekend chez la famille de ton père et 1 weekend chez la famille de ta mère. Pareil pour les vacances : le mois de juillet tu es chez la famille de ta mère et le mois d'aout tu es chez la famille de ton père. Les vacances scolaires sont partagées entre les 2 également.
- Maintenant que je vais être bientôt majeure, il me laisse plus libre, et heureusement…
- C'est ça qui est assez ironique. D'un côté, tu as dû subir la tragédie du décès brutal de tes 2 parents et d'un autre côté, tu as dû vivre comme une enfant dont les 2 parents sont divorcés… !
- C'est exactement ça… Sauf que je me dis que ça aurait peut-être pu être pire car dans le fond j'ai toujours été habitué à ça depuis petite… J'ai toujours vécu ça comme si c'était "normal". Alors que c'est tout sauf normal de vivre une vie comme celle-là.
- Je pense que tu n'as pas totalement tort quand tu dis que ça aurait été mieux si tu avais vécu dans une famille d'accueil, -si tu étais dans une famille bienveillante bien sûr- car là, tu as été élevé par des personnes qui ont élevé une mère et un père autodestructeur…
- Qu'est-ce que tu veux dire par là ?
- Ton père avait un comportement autodestructeur. Il fumait, buvait et se droguait pour oublier sa peine. Les gens qui font ça ont besoin de se retrouver dans un état second pour oublier la réalité. C'est leur manière à eux de se sentir mieux, même si tu n'es pas sans savoir que ce n'est pas la meilleure solution…

- Ça revient au même que les personnes qui veulent se suicider, sauf que cette manière de faire avec la drogue et l'alcool est plus longue et plus douloureuse…
- Tu as 2 chemins qui se présentent à toi. Soit tu vas suivre les traces de ton père en te réfugiant dans l'alcool et la drogue, soit tu réussiras énormément dans la vie. J'ai confiance en toi par rapport à ça. C'est souvent ça pour les enfants de parents drogués : soit ils suivent le même chemin dramatique de leur parent, soit ils sont tellement écœurés parce que leurs parents ont vécu qu'ils préfèrent éviter de toucher à la moindre goutte ou substance. Ça passe souvent par de mauvaises fréquentations parce que les adolescents ont besoin de faire comme tout le monde pour se sentir acceptés, aimés et intégrés… Tes amis boivent ou fument ?
- Aucun de mes amis ne boit, ne fume ou ne se drogue. Je n'aime pas du tout trainer avec ce type de personne.
- Tant mieux. Ça me rassure. Est-ce que tu en sais plus au sujet de ta mère ?
- On ne m'a jamais rien dit… Je n'ai jamais su ce qu'il s'est passé en détail. Je ne pense pas que ce serait bien que je le sache. Je ne sais même pas si ça m'aiderait à me construire, pour être honnête… J'ai peur que cela ne me desserve plus qu'autre chose.
- Un jour, tu voudras surement le savoir. Il ne faut pas que tu te précipites. Timéo ne souhaite pas non plus savoir pourquoi ses parents l'ont abandonné. Si vous pensez que cela ne vous aidera pas à avancer, il ne faut surtout pas que vous vous sentiez obligés de faire les démarches pour avoir les réponses à vos questions. Ton père avait un frère, n'est-ce pas ?
- Oui, c'est ça.

- Il me semble l'avoir déjà vu. Il n'était pas là la 1re fois qu'on s'était rencontré au restaurant avec ta grand-mère ?
- Je ne me rappelle plus du tout… Ça remonte à tellement longtemps. Tu saurais dire comment cela se fait-il que mon oncle n'ait pas dérivé comme mon père d'ailleurs ? Ils ont été élevés par les 2 mêmes parents pourtant…
- Quand des parents élèvent 2 enfants, ils ont beau les élever de la même façon… C'est comme 2 fleurs, vois-tu. Tu as beau arroser tes 2 fleurs, leur apporter beaucoup de lumière… l'une des 2 fleurs se fane rapidement, car elle est plus fragile : elle a besoin de plus d'eau, plus de lumière, plus de soin… Un parent ne peut jamais élever son enfant de la même façon que son autre ou ses autres enfants.
- On m'a souvent dit que mon père a dérivé au moment où il a appris le décès de son grand-père…
- Ton père était surement beaucoup plus sensible que ton oncle. De ce que j'ai entendu du côté de Timéo, il était très intelligent aussi… On se serait surement bien entendu. Je crois qu'il faisait beaucoup de guitare, mais il ne travaillait pas, c'est bien ça ?
- De ce qu'on m'a dit, oui. "

#16 Des comportements étranges.

Nathanaël se dirigea vers sa bibliothèque tout en disant :
" À part pour la guitare, on a pas mal de points communs alors…
!" Puis il rigola :
" Tu dois te demander ce qu'un chômeur comme moi doit faire
de ses journées ! Je passe beaucoup de temps à lire… C'est
important pour structurer correctement nos pensées et
développer notre vocabulaire. Et aussi… "
Il récupéra son vieux Nokia posé près de sa mezzanine. Il
chercha quelque chose pendant quelques instants puis me
tendit l'appareil sous les yeux.
" Qu'est-ce que c'est que ça ?!"
Déjà que l'image n'était pas de très bonne qualité au vu de
l'ancienneté de l'appareil, la silhouette que l'on pouvait
observer était légèrement floue et un filtre cachait
grossièrement les traits.
" C'est une femme que j'ai croisée dans le trottoir d'en face
l'autre jour." Nathanaël rigolait subrepticement en employant
ces mots puis poursuivit : " Elle me paraissait naïve, bourrée de
mystères et ayant soif de justice en même temps. Son visage
et son corps m'ont interpelé."
Nathanaël me fit défiler sous mes yeux écarquillés et
incompréhensifs une multitude de photos qu'il avait également
prises. La plupart étaient des femmes et 10% des hommes.
" Je prends mon temps pour prendre ces photos. J'observe
beaucoup les gens dans la rue. Dès qu'un corps, un visage,
une posture ou une gestuelle m'intriguent, j'essaye de me faire
discret et je prends la photo comme si de rien n'était.

- Tu ne t'es jamais fait choper à prendre des photos de
  ces inconnus ?
- Tu me prends pour qui ? Je ne suis pas fou, penses-tu
  ! Et puis regarde, il y en a certaines que je prends d'ici..."

On pouvait observer, en effet, certaines photos prises avec l'angle en plongée.

- J'essaye de m'inspirer de ces photos pour mes tableaux... Il faudra que je t'en parle la prochaine fois qu'on se voit, car l'heure tourne... J'aimerais bien te montrer un film avant que tu partes.
- En effet, il va falloir que je ne rentre pas trop tard, sinon ma grand-mère va s'inquiéter..."

#17 *Un amour pour le cinéma qui nous rapproche.*

Il se dirigea vers sa bibliothèque et s'empara d'un DVD, comme s'il savait d'avance ce qu'on allait regarder :
" Il faut que tu voies ce film-là ! C'est un classique. Il y en a plein d'autres comme celui-ci qu'il faudrait qu'on regarde ensemble d'ailleurs ou que je pourrais même te prêter. Timéo m'a dit que tu aimais les films d'horreur donc je me suis dit que tu apprécierais bien celui-ci. Il m'a dit aussi que tu aimais beaucoup le cinéma, c'est vrai ?

- J'adore le cinéma et les histoires en général. J'aimerais bien me lancer dans des études dans ce domaine après le bac...
- Dans ce cas, je te conseille de regarder un film par jour. D'abord, parce que c'est important pour nourrir ta culture cinématographique, mais aussi parce que tu dois affiner ton œil et comprendre les procédés cinématographiques mis en place. L'angle de vue, les couleurs, les costumes, la position des acteurs et tout ce que tu vois dans les images ne sont jamais choisis au hasard...
- "American Psycho" ? Ça a l'air très glauque vu l'affiche du DVD..."

Nathanaël, toujours avec son léger rire grave et profond, me fit comprendre que je n'allais pas regretter de voir ce film et que c'est important de s'ouvrir à tout type de film car dans les meilleurs il y a une morale importante qui fait lourdement réfléchir. "American psycho" porte sur la vie de Patrick Bateman, un jeune homme qui prend soin de lui et qui a du succès auprès des femmes. Il fréquente les lieux où seuls les riches peuvent y entrer. Le problème, c'est que Patrick Bateman est un psychopathe : il ne ressent aucunement les émotions de ses victimes...

Pour regarder le film, je m'étais mise à l'extrémité droite du canapé qu'il m'avait conseillé pour mieux voir. Lui s'était mis à l'autre extrémité. Pendant le film, je ne pouvais m'empêcher de tourner les yeux lors des scènes cruelles et inhumaines fatidiques… Nathanaël restait impassible et ses yeux continuaient de rester fixés à l'écran de télévision malgré les plans inhumains…

" Tu sais bien que c'est du cinéma !
- Mais oui, mais c'est plus fort que moi ! Je ne supporte pas de regarder ces scènes car j'ai l'impression de vivre

la même chose que ces pauvres femmes… "
Cela le faisait rire et pourtant, je ne savais pas du tout encore à ce moment-là que cela était dû à mon hypersensibilité.

Chez moi, à mon retour, je regardais les DVD de films qu'il m'a prêtés : "Eyes Wide Shut" de Stanley Kubrick, "Snowpiercer" de Bong Joon-Ho, la trilogie de Lars von Trier ainsi que "2001 : l'odyssée de l'espace" de Kubrick." Comme j'ai du temps à tuer et que mes devoirs sont… disons… quasiment terminés, je décide de regarder : "2001 : l'odyssée de l'espace". Je ne comprends absolument rien à ce film… Je demande à mes amis autour de moi s'ils l'ont vu et compris. Personne ne peut me donner d'explications sur ce film. Je décide de me tourner vers Nathanaël.
" C'est normal si tu ne l'as pas compris. À la première lecture, il est très difficile de saisir ce que Kubrick voulait transmettre. J'ai dû le visionner plusieurs fois pour le comprendre. À mon sens, il y a d'ailleurs plusieurs niveaux de lecture. C'est pour cela que c'est intéressant de le revisionner, même si tu penses avoir déjà tout compris. Tu découvres une nouveauté à chaque lecture. L'Odyssée de l'espace, c'est une boucle infinie. Au début, tu nais (tu comprends qu'on parle du commencement avec le singe au début) puis tu décèdes, mais tu redeviens un enfant à la fin (d'où l'apparition du bébé dans le dernier plan.) C'est l'immortalité. Le retour à l'origine. La nature est un cycle circulaire. "

#18 Faire des pieds et des mains pour se sentir aimer. Le 1er signe annonciateur d'une relation toxique.

Quand il m'envoyait ce pavé par SMS, j'essayais de comprendre tout en visionnant le film dans ma tête. Ayant peur de me tromper, je tournais les pouces 10 fois avant de lui écrire… Je me demandais si ce que j'avais écrit était assez intelligent ou pas. C'était le sentiment que j'avais également avant d'ouvrir la bouche. J'avais toujours peur de dire des bêtises qu'il me juge, se moque de moi et me reprend. J'avais la sensation de devoir être "parfaite intellectuellement" face à lui pour me sentir appréciée et acceptée. Ressentir de la peur en permanence de ne pas se sentir à la hauteur doit être un signal d'alerte en termes de confiance en soi et de relation toxique. Quand on n'a pas du tout confiance en soi, on a tendance à être attiré par des personnes qui sont là pour nous sauver. On peut illustrer ça par le principe même du triangle de Karpman. Dans le triangle de Karpman, il y a 3 rôles : le persécuteur, le sauveteur et la victime. Le persécuteur donne son avis ou des ordres, il critiquer et émet un jugement. Tandis que le sauveteur aide, donne des conseils et intervient. La victime, quant à elle, se plaint, râle et ne se décide pas ; elle ne passe pas à l'action.

Le persécuteur et le sauveteur émettent leur opinion sans qu'on ne leur ait rien demandé. Ils ont décidé que la personne en face a besoin d'eux. C'est ainsi que cette dernière va se mettre dans une position de la victime. Ce jeu psychologique peut très bien se faire à 2, comme dans cette histoire. Jusqu'à maintenant, Nathanaël était dans le rôle du sauveteur, tandis que j'étais dans le rôle de la victime. Nous allons voir plus loin que les rôles peuvent d'ailleurs s'inverser et que les personnes peuvent aussi revenir à leur rôle de départ…

"L'homme se réincarne à la fin si je comprends bien ?"
Au moment où j'attendais la réception de son message, je réalisais que je ne faisais clairement pas le poids face à son intelligence. C'était tellement rare pour moi de rencontrer quelqu'un avec qui je pouvais avoir de vraies discussions intéressantes, enrichissantes et très poussées. La seule personne avec qui cela pouvait m'arriver, à par Nathanaël, c'était avec quelques-uns de mes professeurs au lycée.

#19 Des discussions philosophiques continuelles.

"Tu peux l'interpréter de cette façon. Même si je ne pense pas que Kubrick voulait transmettre ce message à la fin. Il voulait plutôt parler du retour à l'origine. L'homme, par son pouvoir de créateur, finit toujours par s'autodétruire ou amener les éléments autour de lui vers la destruction. Tu vois, par exemple, l'ordinateur HAL ? C'est une intelligence artificielle que les hommes ont créée. Dans le mythe du docteur Frankenstein, le monstre finit par vouloir détruire son propre créateur pour se sentir plus puissant. L'élève doit dépasser le maitre. Tout comme l'enfant finit par s'occuper de ses propres parents qui se sont occupés de lui quand il était petit. Et ça va recommencer avec cet enfant qui aura grandi. Il aura des enfants et ses propres enfants finiront par s'occuper de lui quand il aura perdu son autonomie. La boucle est bouclée. Une fois que l'ordinateur HAL a atteint cette forme de puissance, il souhaite s'en servir et en profiter. Selon lui, les hommes doivent disparaitre, car les intelligences artificielles doivent dominer le monde. Il cherche à se débarrasser des humains en inventant un incident qui va amener les hommes à risquer leur vie pour le régler. L'ordinateur HAL souhaite dominer et surpasser son maitre. On retrouve d'ailleurs beaucoup cela dans la littérature. Sauf qu'en ayant joué avec le feu, l'homme comprend sa supercherie et va le détruire. Leur propre création se trouve détruite. Retour à la case départ… C'est l'éternel recommencement. Le plus important n'est pas le but, mais le chemin que tu empruntes pour arriver à ce but.

- Je n'avais rien compris à tout ça. Ce film parait tellement ennuyant de prime abord …
- Ce n'est pas parce qu'un film est lent qu'il est nul. Le rythme sert l'histoire. Ici, il sert à mettre en avant l'isolement et la vacuité de l'existence humaine. C'est le nihilisme de Nietzsche. Tu crois vraiment que la musique de Strauss "Ainsi parlait Zarathoustra" a été choisie au hasard pour ouvrir le film ? Il fait référence au livre de Nietzsche. Vous ne l'avez pas étudié en philo ?
- Non du tout. C'est quoi le nihilisme ?
- Si on pouvait résumer ce livre en 3 mots, ce serait : "Dieu est mort." C'est ça le nihilisme. Pour être très bref : la vie n'a aucun sens, intrinsèquement parlant. C'est nous-même qui devons alors en trouver un. La vérité vient de nous-même et de l'interprétation qu'on a de la vie, et non pas de la vie en elle-même.

- Ah oui c'est gai tout ça…
- Tu me demandes des explications, alors je t'explique ! Kubrick essayait, à travers ce film, de comprendre les origines de la vie. C'est la question fatidique que les hommes se posent depuis qu'ils ont conscience de leur propre mort. Le niveau de conscience est d'ailleurs abordé.

L'os est un outil qui permet aux singes de confectionner d'autres outils. C'est l'unique fonction qu'ils connaissent. Quand le singe manie son os, il découvre qu'il peut aussi tuer. On passe de la simple fabrication et création d'un outil à la destruction grâce à celui-ci. L'outil peut avoir une fonction différente. Ils vont pouvoir se défendre pour que les ennemis ne prennent pas leur territoire. Ils savent qu'ils ont plus de puissance puisqu'ils ont un niveau de conscience altéré par rapport à leurs ennemis qui ne savent pas qu'ils peuvent faire de même avec leurs propres outils. La transition entre l'os et le vaisseau spatial prouvent que depuis l'âge de pierre, l'homme n'a pas changé : il continue de fabriquer des outils et se développe ainsi de plus en plus dans la technologie. Cela sert à aller au-delà de leurs connaissances actuelles. L'homme veut toujours se surpasser. "L'Odyssée de l'espace" s'est inspirée de "L'Odyssée" d'Homère. Au début, l'homme explorait la terre pour conquérir de nouveaux territoires. Maintenant, il explore l'espace. À la fois pour concurrencer ses ennemis et se sentir tout puissant, mais aussi pour comprendre l'origine de l'univers et de la vie. La même chose se réitère et se répètera continuellement dans l'histoire de l'humanité. Même dans 10 000 années encore, tu comprends ? On pourra aller facilement dans certains espaces dans l'univers grâce à nos nouvelles technologies encore plus développées, mais nous n'aurons pas fini d'explorer les autres espaces que constitue l'univers...

- Sans tes explications je n'aurais jamais compris tout ça... ça va loin ce film quand même... et l'engin noir au début, il représente quoi ?

- L'engin noir est un monolithe noir énigmatique qui arrive sur terre. Il regorge de mystère, car les singes ne comprennent absolument pas la raison de sa présence. Ils sont fascinés face à cette énigme. Le monolithe, c'est le savoir venu du ciel. On ne sait pas qui l'apporte, si c'est Dieu, les extraterrestres, mais peu importe... Ce qui est important, c'est que ce monolithe représente la connaissance. Il est tel la pomme d'Aden et Eve. Une fois qu'Eve a croqué dans la pomme, elle a accès à la connaissance, ce qui la conduit aux péchés. La connaissance est l'altération de notre niveau de conscience. C'est comme un enfant qui grandit, il finit par avoir conscience de choses qu'il ne connaissait pas avant : son enfance est éphémère, ses parents et son entourage ne sont pas éternels. Il n'est pas éternel non plus et personne ne l'est. Tu devrais lire la Bible car c'est le livre le plus enrichissant et instructif philosophiquement parlant."

Plus j'en apprenais sur les films et les pans de certaines cultures, plus je m'attachais à lui. Il était très malin, subtil et faisait tout pour gagner ma confiance. À ce moment-là, cela ne me choquait pas plus que cela… Nos conversations étaient fluides et il savait à quel point tous ces sujets philosophiques m'intéressaient.

#20 Quand les sentiments naissent à cause de failles comprises. Quand le pervers narcissique te manipule.

Un weekend d'hiver, Nathanaël m'invitait pour le déjeuner. C'est seulement la deuxième fois que je me rendais chez lui. J'y trouvais un certain réconfort. Sans lui, je me sentais perdue et très seule. J'avais l'impression que c'était la seule personne à pouvoir me comprendre.

Il me faisait la bise, toujours sur une seule joue, tout en posant sa main sur mon bras. Je ressentais de la gêne et en même temps une affection profonde. Hyper contradictoire, mais pourtant réel.

"Mais rentre ! Je t'en prie ! Fais comme chez toi."

En pénétrant dans le couloir, il se dirigea en même temps devant moi vers la cuisine. Je découvrais à ce moment-là qu'il mettait de l'eau en bouteille… dans sa casserole pour faire bouillir ses pâtes !

Je trouvais ça étrange et le fis remarquer.

"Boire l'eau du robinet sans la purifier t'apporterait de longs problèmes sur la santé sur le long terme. Tu ne bois pas l'eau du robinet j'espère ?

- Non, non. Ce n'est pas mon cas. Mais qu'est-ce que tu dois utiliser comme plastiques ?"

Il rigola en disant :

"Si j'avais les moyens, je me laverais même avec de l'eau en bouteille !"

Il continuait de rigoler tout en continuant de me regarder fixement avec des yeux doux. Nathanaël me caressa avec le dos de son doigt le long de ma joue.

" Qu'est-ce que tu as un beau visage…

- Merci…" je souriais de façon béa.
- "Tu as de la chance d'être jolie parce que si tu avais été moche, je n'imagine pas comment la vie aurait été dure pour toi ! Déjà que ce n'est pas facile !...
- Je n'en sais rien, je m'en fiche…
- Je plaisante, hein ! Détends-toi."

Il rigola pendant quelques secondes puis se reprit :

"Toi, pour que tu te sentes bien, il faudrait qu'on te dise que tu es belle chaque jour je suis sûr, n'est-ce pas ?

- Un peu oui..."

Il rigolait puis commença à me prendre par le bras. Je le repoussais, gênée.

" Tu n'es pas très tactile toi j'ai remarqué, je me trompe ?

- Non pas du tout.
- C'est important que les parents touchent et aient un contact physique important avec leur bébé. Tu penses que tes parents te touchaient et caressaient beaucoup ?

- Je ne me souviens plus du tout. Peut-être, mais cela ne m'a pas marqué. Je me rappelle plus de mon grand-père qui jouait beaucoup avec moi et était plutôt tactile avec moi quand j'étais petite.
- OK alors on va faire un jeu.
- Oula tu veux me faire quoi ?"

Il éclata de rire.

" Je ne vais pas te violer, ne t'inquiète pas ! Je veux juste te tester pour voir jusqu'où ton sens du toucher peut aller. Tu peux me faire confiance. "

Il me prit le bras tout en me rassurant verbalement. Je me sentais embarrassée par rapport à ce qui pouvait se passer.
"Ferme les yeux.

- Mais qu'est-ce que tu vas me faire ?!
- Fais-moi confiance, je te dis ! Ce n'est rien. Ferme les yeux et laisse-moi faire."

Il tendait mon bras, la paume de ma main vers le ciel. Je sentais légèrement son doigt appuyer légèrement de façon répétée sur ma peau.

" Je vais faire ce geste plusieurs fois, et je vais déplacer mon doigt à différents endroits le long de ton bras pendant un instant. À mon stop, tu gardes les yeux fermés, mais tu dois me montrer avec ton autre main où je me suis arrêté avec mon doigt. Tu dois être précise bien sûr, sinon c'est trop facile.

- O.K. vas-y."

Il me tenait fort le bras avec son autre main, comme s'il souhaitait que je ne m'échappe pas. Je lui demandais d'être moins résistant.

"Je peux tenir mon bras toute seule, tu sais.

- Tu vas t'échapper de chez moi sinon !
- ...
- Tu sais bien que je plaisante. "

Je sentais sa grosse empreinte parcourir très lentement mon poignet en appuyant légèrement à intervalle régulier. Puis, le bout de son doigt se dirigea vers mon coude, de façon très lente. Je sentais de moins en moins le contact de sa peau avec la mienne. J'avais l'impression que ce moment durait une éternité. Je me demandais d'ailleurs pourquoi il souhaitait me faire ça. Je commençais à perdre patience au fur et à mesure que je sentais de moins en moins son contact.

" Stop ! "

Je lui montrais du doigt le milieu de mon bras.

" Tu es complètement à côté de la plaque. J'étais là."

J'ouvrais les yeux. Son doigt était positionné au-dessus de ma peau, vers mon poignet.

" Si on était plongé dans le noir de façon constante, tu aurais du mal à te déplacer dans l'espace.

- Tu penses que mes parents ne m'ont pas assez stimulé au niveau du sens du toucher alors ?
- Les bébés ne savent pas encore parler. Leur mode de communication principal est le toucher. Il est important de toucher régulièrement son bébé pour qu'il puisse développer ses capacités émotionnelles, intellectuelles et sociales.
- Donc tout cela influence notre caractère et notre personnalité ?
- En autre. Mais pas que. Les mots choisis par les parents sont également importants. Tu ne te souviens de rien

mais ton inconscient, lui, sait ce qu'il s'est dit. Tu n'as peut-être pas hérité du don du toucher, mais tu as des facilités concernant le langage et les mots. Je pense que chacun a une zone de génie spécifique, il faut savoir la situer. Sauf que certains ont un niveau peu élevé, bien que cette zone soit activée, tandis que d'autres ont un niveau beaucoup plus élevé. On a un niveau plus ou moins élevé dans chaque domaine. Certains ont plusieurs niveaux élevés dans plusieurs domaines, tandis que d'autres moins. Toi par exemple, tu n'as pas un niveau aussi élevé que Timéo par rapport à la faculté de dessiner et à se représenter les éléments dans l'espace. Timéo est très doué pour ça.

- Ce n'est pas pour rien si Einstein disait : "tout le monde est un génie. Mais si vous jugez un poisson sur ses capacités à grimper à un arbre, il passera toute sa vie à croire qu'il est stupide."

- C'est la raison pour laquelle le système scolaire en France est déplorable. Au lieu de s'adapter à 1 enfant, ce sont tous les enfants qui doivent s'adapter à un système scolaire unique, comme si tous les enfants pensaient et avaient tous les mêmes types d'intelligence au même niveau, à savoir le langage et la logique... Pour ma part, j'ai eu de la chance, car j'étais très fort en maths quand j'étais petit. Je m'ennuyais même en classe... Un jour, je me souviens que je jouais au rubik's cube. Je ne comptais même plus le nombre de fois que je le finissais... La prof m'a interrogé sur un problème, alors que je n'écoutais pas. J'étais concentré sur mon jeu. Je ne sais plus de quoi il s'agissait, mais en même temps qu'elle me posait une question compliquée, j'ai analysé et observé le tableau puis, je lui ai donné, - contre toute attente- une réponse... qu'elle confirma être correcte quelques secondes plus tard.

- C'est impressionnant. Surtout si à l'époque, tu étais un enfant."

#21 La vision du pervers narcissique : rapport dominant/dominé.

"Quand j'étais plus jeune, j'ai créé ma propre entreprise. Je n'étais pas fait pour travailler pour un patron... Je voulais être la personne qui embauche les gens, et non pas celle qui est embauchée. Tu sais, je vais te dire quelque chose d'important. Dans la vie, il y a 2 catégories de personnes : celle des dominants, et celle des dominés. Pour qu'un couple fonctionne, il faut qu'il y ait un dominant et un dominé. Toi et Timéo, ça n'aurait jamais pu marcher entre vous par exemple, car vous êtes tous les deux des dominés.

- Timéo et moi, on s'est toujours considéré comme des frères et il n'y a jamais eu d'ambiguïté entre nous de toute façon.
- Je te parle à titre d'exemple, ne joue pas sur les mots.
- Qu'est-ce qui te fait dire qu'on est des dominés ?

- Vous avez besoin qu'on vous dicte les choses.
- C'est plus une question de maturité alors dans ce cas…
- Non. Les dominants ont besoin de contrôler… Alors que les dominés ont besoin des autres pour se construire. Les "dominés" sont des êtres dépendants et les "dominants" des êtres indépendants. Dans une entreprise, les dominants sont les employeurs et les dominés sont les employés. L'entreprise, c'est donc comme un couple, il faut qu'il y ait à la fois des dominants et des dominés, sinon cela ne fonctionne pas."

Quand on se sent perdu, -et ça peut importe l'âge-, qu'on ne sait pas bien qui nous sommes et que de surcroit, on n'a absolument pas confiance en nous, on est prêt à gober n'importe quels mots qui paraissent se rapprocher de qui nous sommes. Sauf que l'être humain est bien plus complexe que ça et que ces soi-disant faits sur nous ne sont que des idées de qui nous pourrions être ? Ce ne sont pas ces faits qui déterminent officiellement qui nous sommes et qui doivent nous ranger définitivement dans une case.
Les personnes "dominés" et "dominantes" n'existent pas. C'est le prisme de la réalité de Nathanaël. C'est subjectif. Ce n'est pas la réalité absolue. C'est typiquement la manière de penser d'un manipulateur. Le manipulateur se sent comme le soi-disant "dominant" et la victime doit être comme le soi-disant "dominé". Il ne faut pas confondre cette manière de penser avec la dépendance affective et le manque de confiance en soi.

"Pour continuer sur mon histoire, j'avais ouvert un restaurant à l'époque. Ça se passait super bien au début ! Je disais à mes employés : "mets le couvert", "ramène ça à la cuisine", "occupe-toi de faire-ci", "occupe-toi de ça" etc... Je me sentais parfaitement à ma place.

95

- Et puis… ? Ça s'est mal passé ensuite ?
- L'entreprise a fait faillite, car je n'arrivais pas à gérer la comptabilité, la fiscalité et toutes les paperasses qui vont avec en même temps… C'était difficile aussi de pouvoir payer correctement mes employés.
- Ça n'a pas marché tant que ça alors…
- Si, pendant plusieurs mois. J'ai même recruté quelqu'un pour faire ma compta. Mais tu sais, je n'avais pas assez de clients et j'avais besoin aussi de contrôler tous ce qui se passait autour de moi, ce qui n'était pas possible… On ne peut pas être au four et au fourneau en même temps comme on dit… Alors j'ai mis les clés sous la porte.
- C'est vraiment dommage. Ça aurait dû fonctionner puisque ça démarrait bien…"

#22 *La responsabilité et la culpabilité chez le pervers narcissique.*

"J'ai compris quelque chose maintenant. C'est que dans la vie, tout est affaire de chance. Tu as beau être la personne la plus expérimentée ou talentueuse dans le monde, si tu n'as pas de chance, il ne se passera rien... La chance, c'est la clé pour réussir. Regarde-toi par exemple, tu n'as pas eu du tout de chance... Tu es quasiment née orpheline, avec un très mauvais jeu de cartes en main. Je sais que ça t'a embêtée quand tu étais plus jeune à l'école... Tu as dû beaucoup souffrir quand tu as vu les parents de tes amis venir les chercher à l'école et que toi, tu n'avais que ton grand-père ou ta grand-mère...
- Comment sais-tu tout ça ?
- Timéo m'a raconté. Ou du moins, c'est moi qui lui ai demandé de me parler de toi..."

Le pervers narcissique fait tout pour savoir le maximum sur ta vie. S'il en sait encore plus que toi, il a même une longueur d'avance... Il joue avec ça pour que cela se retourne contre toi ensuite. Le fait qu'il en sache beaucoup sur ta vie t'impressionne, tu as le sentiment que quelqu'un te comprend enfin, surtout quand tu as un passé lourd... Je pensais vraiment qu'il m'expliquait des choses sur mon histoire pour mon bien. Cela me rassurait beaucoup de me sentir enfin comprise.

" Ce n'est pas parce qu'on ne nait avec aucune chance que l'on va mourir avec toujours autant de malchance...
- La chance vient à toi. Tu crois vraiment que jouer au loto est une question de compétences et d'expériences pour gagner ? Tout se fait avec le fruit du hasard.

J'ai commencé à jouer au loto depuis quelques années, figure-toi ! Car je sais que j'ai quand même une chance de remporter le gros lot !

- C'est ridicule de jouer au loto, c'est comme chercher une aiguille dans une plage... Tu as une chance sur des millions de tomber sur les bons numéros.
- Pourtant, chaque année, il y a 10 à 60 personnes qui remportent le gros lot dans le monde ! C'est donc possible. La chance n'est pas égale à 0. Si je joue, j'ai plus de chances de gagner que si je ne jouais pas, n'est-ce pas ?
- C'est sûr, oui... Mais si tu cumules tout ce que tu as dépensé au loto jusqu'à maintenant, tu aurais pu mettre beaucoup de sous de côté.
- Pour en faire quoi ?
- Voyager ou investir par exemple.
- Je n'en ai que faire de voyager pour l'instant. Tout seul, c'est moins drôle ! Alors que si je gagne, je rentabilise très largement toute la somme d'argent investie dans ces billets de loterie !...
- Encore faut-il gagner...
- ...C'est beaucoup plus simple que de créer une entreprise. Je pense que si la mienne n'a pas fonctionné, c'est parce que je n'ai pas eu de chance et que je n'étais pas entouré par les bonnes personnes. Mes serveurs n'étaient pas assez rapides. Mon fournisseur ne devait pas être le meilleur. Je n'étais pas non plus placé au bon endroit pour attirer un maximum de monde aussi... Les paramètres extérieurs comptent beaucoup pour ta réussite. Il n'y a pas que toi qui peux décider de ce qui va t'arriver. Regarde, tu n'as pas choisi de perdre tes parents...

Quand on est en train de conduire, qu'on roule au feu

vert mais qu'il y a un timbré qui vient de notre droite en fonçant parce qu'il était pressé et qu'il a grillé le feu... Est-ce que c'est toi qui en as décidé ainsi ? C'est de la malchance, c'est tout.

- C'est un concours de circonstances. Cet évènement a eu lieu en raison d'un enchainement d'actions que nous avons fait précédemment. On peut dire que l'on est responsable aussi de cette malchance.
- Oui, mais ce n'est pas toi qui l'as décidé. Les gens autour de toi, s'ils ont une mauvaise intention, ils peuvent détruire ta carrière, voir même ta vie... Les évènements ne reposent pas uniquement sur ton propre libre arbitre. Les autres ont un impact considérable sur toi, même si tu n'es aucunement dépendant d'eux. Quoi que tu fasses, les autres doivent jouer un rôle dans ta vie. Tu ne peux pas vivre complètement seul. "

Ce point de vue est intéressant, car il n'a pas complètement tort. Les autres autour de nous ont des responsabilités et cela peut avoir un impact sur nous ; mais concernant son entreprise, je pense que c'est une manière de ne pas vouloir assumer ses propres responsabilités, ses engagements et son libre arbitre. Nathanaël pensait que l'échec de son entreprise reposait uniquement sur les aléas de la vie et des facteurs externes. Cela n'était jamais de sa faute. Tu te souviens du triangle de Karpman ? Ici, Nathanaël se met dans une position de victime. Pour lui, le malheur et la malchance avaient décidé de s'abattre sur lui. Il a décidé d'abandonner plutôt qu'agir en cherchant des solutions à son problème. Comme quoi, il ne suffit pas d'être hyper intelligent pour être heureux et réussir. Selon moi, il y a plutôt : ceux qui passent à l'action et ceux qui ne passent jamais à l'action. Ceux qui préfèrent vivre dans leur tête et leur imagination au lieu d'agir ne réussissent jamais. Il faut se recentrer sur son enfant intérieur pour se diriger vers les rêves qui nous font vibrer authentiquement.

À la fin du IVe siècle avant J.-C., Zénon, un philosophe grec, instaurait le stoïcisme. Le stoïcisme est une pensée philosophique qui indique qu'il ne faut pas se concentrer sur les choses qu'on ne contrôle pas, mais nous devons nous concentrer sur ce que nous pouvons contrôler. Si nous nous concentrons sur ce que nous ne pouvons pas contrôler (comme notre passé douloureux, les gens qui nous déçoivent, le jugement de notre voisin, notre mauvaise santé, etc...) Nous nous mettons dans la peau d'une victime. Ce que nous devons faire, c'est nous remettre en question et passer à l'action. Au lieu de se plaindre que son entreprise a échoué et que cela n'aurait jamais pu fonctionner à cause des évènements extérieurs, Nathanaël aurait dû être plus ferme dans la mise en place de ses recrutements. Il aurait dû aussi déléguer certaines parties qu'il ne maitrisait pas, comme la comptabilité. Se croyant être un véritable dominant grâce à la gestion totale de son entreprise, il a fini par mettre les clés sous la porte en raison d'un égo surdimensionné. C'est le principe du pervers narcissique. En prenant du recul sur cette situation, je me suis rendu compte qu'un des traits flagrants chez un pervers narcissique, c'est la culpabilité. Pour lui, c'est toujours la faute de tout le monde et ce n'est jamais la sienne. Il ne sait aucunement se remettre en question. Au lieu de se dire que c'était à cause de lui si son entreprise a voué à l'échec, il va remettre la faute sur tout le monde. Quand la culpabilité concerne le pervers narcissique directement, on ne se rend pas bien compte au début de la relation. Une fois que cela t'atteint, c'est une autre histoire... Si ton intuition est bien développée, tu te rends compte qu'il y a quelque chose qui ne va pas.

#23 Une relation particulière.

Nathanaël avait décidé de me raccompagner chez ma grand-mère. Dans le métro parisien, tantôt nous étions debout, tantôt nous étions assis. Je ressentais un malaise plus important quand nous étions assis côte à côte en raison de notre proximité physique. J'avais comme l'impression qu'il faisait exprès de se coller à moi ou qu'il avait comme une envie de me mettre un bras derrière le cou.
Devant des inconnus, cela me gênait davantage.
"Dans la vie, tu rencontreras des tas de gens. Certaines relations que tu auras seront vite oubliées... tandis que d'autres, comme la nôtre, resteront gravées dans ta mémoire parce que ce n'est pas le genre de conversations que tu auras avec tout le monde. Même si un jour... Nous sommes amenés à ne plus jamais nous revoir... Je suis sûr que tu te souviendras de moi encore très longtemps."

Ces phrases me laissèrent un gout amer. Je me disais que si nous ne nous fréquentions plus, je me sentirais perdue et démunie de tout repère. Ce n'était pas possible que ça se finisse.

" Tu as vu ces nouvelles barrières qu'ils ont installées dans le métro ? Qu'est-ce que tu en penses ?

- Je trouve ça pratique pour éviter que les personnes tombent par accident ou pour éviter que des gens se suicident. Ça permet de se sentir plus en sécurité.
- Si les personnes veulent se suicider, elles devraient pouvoir le faire !
- C'est horrible, on devrait les en empêcher justement...
- Je ne suis pas d'accord. Ces barrières ne devraient pas être là. Cela infantilise davantage la population. Plus le

temps passe, plus la sécurité est mise en avant. Cela restreint notre libre arbitre… Avant, les parents avaient beaucoup d'enfants. Alors ils ne se gênaient pas de laisser leurs enfants jouer et s'amusaient au foot sur la route. Les parents n'avaient pas peur pour eux. S'ils y en avaient qui se faisaient écraser, -c'est tragique ce qu'il se passe je ne dis pas-, mais ils avaient par exemple 7 autres enfants… Maintenant, ils surprotègent leurs enfants, parce qu'ils en ont peu. Il faut faire attention à plus de choses, alors on leur dit de ne pas sortir, de ne pas tester certaines expériences, de ne pas faire-ci, de ne pas faire ça… Finalement, ils restent enfermés dans leur zone de confort et attendent que ce soit les autres qui décident à leur place. La sécurité prime sur la liberté. Ça ne te rappelle rien ?

- "1984" de George Orwell ?
- On risque de rentrer de plus en plus dedans… "

Arrivée devant l'entrée de l'immeuble de ma grand-mère, Nathanaël se mit à ouvrir la porte et à me laisser entrer en première avant de me suivre. Il s'empressa de faire de même pour la porte de l'ascenseur.
"Il ne te fait même pas ça ton copain, je parie !"

Pendant que l'ascenseur était en train de monter, il eut un silence gênant pendant quelques instants. Puis, Nathanaël me regarda fixement. Ce moment étrange paraissait être une éternité. Il se dirigea lentement vers moi tout en continuant de me fixer avec un regard doux. Je sentis ses lèvres se déposer sur ma joue. Je les sentais glisser sur le coin de ma lèvre. Je le repoussais puis me mise à crier au même moment :
" Qu'est-ce que tu fais ?!"
S'ensuivit un long silence lourd, froid et pesant.

Arrivée chez ma grand-mère, je me sentais déboussolée. Comment un homme de cet âge avait-il pu oser essayer de… ? Nan, ce n'est pas possible ! Ça n'a pas pu arriver. J'ai dû halluciner. Je tournais en rond dans ma chambre, puis j'ai fini par dégainer mon téléphone.

Je lui écrivais ce message sec :
"il ne se passera jamais rien entre nous."

#24 La patience du pervers narcissique pour que tu aies confiance en lui.

Pendant 1 an, Nathanaël s'immisçait de plus en plus dans ma vie. Nous faisions des restaurants à multiples reprises avec Timéo et sa mère, une autre fois même avec ma propre famille... Les discussions prenaient toujours des ampleurs intéressantes : il parlait souvent d'histoire, de politique, de religion et même des rêves. Quand je lui racontais un rêve que j'avais fait, il arrivait toujours à décrypter les moindres détails pour m'en donner une explication très dense, logique et constructive. Cela me fascinait qu'il ait autant de culture générale et à quel point il arrivait à déchiffrer et à comprendre mes rêves, alors que ce n'est même pas lui qui les avait faits.

En tête à tête, un jour, il m'informe du fait qu'il souhaitait se marier avec Annia. J'étais rassurée à ce moment-là et j'ai baissé mes gardes, pensant qu'il avait lâché l'affaire par rapport au fait de vouloir sortir avec moi. Je me suis dit qu'il avait bien compris que je n'étais pas intéressée par lui. Je trouvais ça très bizarre vu l'écart d'âge qu'ils avaient. Annia étant un peu plus jeune que moi. Lui trouvait ça normal et me faisait comprendre, plus d'une fois, que c'est normal que des hommes plus âgés soient attirés par des femmes plus jeunes. L'homme apporte ses connaissances, sa culture et ses expériences ; tandis que la femme lui donne "une seconde jeunesse." C'est donnant-donnant. "Cela t'arrivera de plus en plus de voir des couples avec un écart d'âge important, tu verras", me disait-il. « Toi-même, quand tu deviendras vieille, tu seras attirée par des hommes bien plus jeunes que toi. »

Il pensait toujours être sûr de lui. Il avait réponse à tout. Tout ce qu'il disait était vrai. N'ayant pas du tout confiance en moi pendant cette période-là, j'écoutais et approuvais tout ce qu'il disait. Il était pour moi un génie. Et pour moi, à cette période-là, je pensais que les génies avaient un regard objectif sur le monde. Tels des dieux. Sauf que ce n'est pas du tout le cas… Chacun a son propre point de vue. C'est ce que j'ai appris pendant mes études de cinéma et de montage vidéo. Personne ne détient la vérité absolue. Quand quelqu'un voit le chiffre 6 qui se trouve par terre, celui qui se trouve en face de nous, mais dans l'autre sens voit le chiffre 9. Chaque personne a raison par rapport à la position dans laquelle elle se situe. Il suffit de chercher à comprendre cette position.

C'est très difficile pour l'homme en raison de son égo : tout le monde veut avoir raison, même si on sait au fond de nous on sait que l'on a tort. L'égo est le démon qui se cache en nous. Il faut savoir le dépasser pour parler avec plus d'objectivité et de cœur. La question que nous devrions tous nous poser est la suivante : préférons-nous être heureux ou avoir raison ?

D'ailleurs, j'ai compris bien plus tard que Nathanaël avait une blessure de trahison (qui cache aussi une blessure d'abandon) et d'humiliation et moi-même une blessure de rejet et d'abandon. Je te conseille de lire "les 5 blessures qui empêchent d'être soi-même" et "la guérison des 5 blessures" de Lise Bourbeau pour approfondir le sujet. Ce sont ces 2 livres qui m'ont ouvert les yeux sur mes relations avec les pervers narcissiques et les personnes toxiques. On s'attire à soi ces relations, car nous n'avons pas encore guéri des blessures que nous trainons depuis tout petit.

Le début d'une relation avec un pervers narcissique se déroule toujours de cette façon. Au début, tout est beau, tout est rose… On pense avoir trouvé une perle rare, une personne incroyable, bourrée de talents et de plein de qualités et qu'on ne trouvera jamais mieux. Jusqu'au jour où… Le revers de la médaille se présente. Je ne réalisais pas d'ailleurs que Nathanaël commençait à me couper de mes relations avec mes proches. Le but du pervers narcissique est de t'isoler au maximum sur sa toile d'araignée, pour se servir plus facilement de toi. Il m'avait convaincu que je devais rompre avec mon copain de l'époque. Je voyais de moins en moins ma famille, passant la plupart de mon temps libre chez lui. Il fallait que je sois à sa disposition dès que je le pouvais. Il devait être la personne que je devais mettre en priorité dans ma vie. Une personne possessive a de grandes tendances à être toxique. Si tu ne peux pas te défaire d'elle en passant par la porte, passe par la fenêtre.

#25 *Le début d'une relation amoureuse.*

Un beau jour d'octobre 2014, 2 semaines après avoir fêté mes 18 ans, Nathanaël me raccompagnait chez ma grand-mère. C'était l'année où je passais mon bac et j'étais toujours aussi perdue par rapport à ce que j'allais devoir faire ensuite... C'est compliqué de savoir où on se dirige quand on n'a pas de guides parentaux, une base identitaire confuse et peu de soutien. Heureusement que Nathanaël était là pour me conseiller et m'aider. À cette période, cela devait être sans aucun doute la personne qui en savait le plus sur moi et mon histoire familiale...

Comme il le faisait toujours depuis un an, de façon galante, il me tenu la porte de l'ascenseur. Nous étions côte à côte et Nathanaël me regardait du coin de l'œil. Je n'attendais absolument rien de lui à ce moment-là. Je le voyais pourtant s'approcher doucement de moi, toujours avec ce regard perçant et charmeur qu'il aimait bien me lancer. Sauf que cette fois-ci, son regard était insistant. Il continua à s'approcher de moi puis m'embrassait. Il me caressait en même temps le dos et les bras. Étonnamment, je me sentais bien. Je me sentais désirée. Je me sentais aimée. Et surtout, je me sentais vivante.

Une fois rentrait chez ma grand-mère, il m'envoya ce SMS :

" Alors ? Je pensais qu'il ne se passerait jamais rien entre nous ?"

Je rigolais toute seule puis je lui envoyai :

" Il n'y a que les idiots qui ne changent pas d'avis."

Quelques secondes plus tard, mon téléphone vibra. Son prénom s'affichait. Mon cœur battait la chamade, car maintenant, notre relation n'allait plus être comme avant. Cela me faisait très bizarre de me dire ça, et en même temps, je me disais qu'il fallait que je fasse tout pour être à la hauteur de cette relation.

Quelques heures plus tard, Nathanaël m'appela.

" Comment ça va depuis tout à l'heure ? On ne regrette rien alors… ?" ricanait-il.

" Pourquoi ? Je devrais regretter ?

- Non, au contraire… Tu as de la chance qu'on soit ensemble. Des mecs comme moi, ça ne court pas les rues !" Il n'arrêtait pas de rigoler.

" Oh ça va les chevilles hein !

- Tu as déjà trouvé des hommes plus intelligents que moi ? Ou même au même niveau ?
- Mmmh… Je ne crois pas.
- Quand j'étais petit, on m'a fait passer un test de QI. J'avais 150. Ça ne concerne que 2 à 3% de la population mondiale. Pour un gosse de 16 ans, c'est pas mal ! N'est-ce pas ?
- Ah oui, chapeau en effet… ! C'est énorme et rare d'avoir un QI pareil. Surtout à cet âge-là.
- Si un jour on est amené à ne plus être ensemble… Tu penses que tu trouveras mieux que moi ?
- Ça m'étonnerait.
- Il ne faut pas que je devienne idiot alors ! Je plaisante. Tu sais un jour, j'écoutais la radio et j'ai entendu la révélation d'une maladie qu'on a réussi à détruire en utilisant des cellules défectueuses sur les cellules contaminées. J'ai halluciné en écoutant ça ! J'avais eu la même idée quelques années auparavant ! J'ai de superbes idées, tu ne trouves pas ?
- Ah oui ? C'est dommage que tu ne l'aies pas concrétisé.
- C'est très compliqué pour mettre en place un brevet."

Je ne savais plus trop quoi dire. Il eut un silence, puis il me demanda :

" Tu ne penses pas que quand on a un niveau élevé de maturité dans un domaine, on est complètement immature dans un autre ?"

#26 Ce qu'il se passe dans la tête du pervers narcissique.

Le pervers narcissique a un égo surdimensionné. Il se prend pour le centre du monde. Concernant Nathanaël, il passait la plupart de son temps à penser à ses rêves qu'à vivre sa vie… Les idées, si elles ne sont pas concrétisées, ne valent strictement rien.

Le pervers narcissique aime aussi passer rapidement du coq à l'âne, que ce soit au niveau des sujets de conversations ou des émotions, comme s'il y avait plusieurs personnes dans sa tête.

Nathanaël étant quelqu'un de très intelligent, mais je ne doute pas une seule seconde qu'il y avait une lumière ailleurs qui n'était pas branchée… Et cela concerne son émotivité. Le pervers narcissique a un gros problème en termes de maturité émotionnelle. Ses émotions sont construites à partir de vides et de frustrations causés par ce qu'il a vécu étant petit. C'est pour cela que le pervers narcissique a tendance à être attiré par les personnes hypersensibles. Il a besoin de se nourrir de cette énergie qu'il ne possède pas. Il souhaite prendre l'énergie de sa victime jusqu'à ce qu'elle n'en possède plus. Cette énergie est censée remplir son vide intérieur.

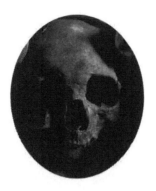

Tout est lié aux perceptions qu'il a eues de ses relations avec ses 2 parents étant petit. En particulier avec sa mère si c'est un homme et son père si c'est une femme. Le pervers narcissique a en réalité d'énormes failles affectives qui attirent à lui une personne qui est dépendante affectivement ; sauf que ses failles à lui sont recouvrées par son besoin permanent de contrôler et d'agir comme une personne emplie de pouvoir et d'assurance. Ce besoin de tout contrôler et de vouloir être dominant s'explique par le fait qu'il a besoin de créer un équilibre en compensant l'autorité excessive de sa mère (ou de son père si c'est une femme) qu'il a subie dans l'enfance. Le pervers narcissique est en réalité un enfant qui se faisait énormément écraser. Il a en réalité très peur de sa mère si c'est un homme et très peur de son père si c'est une femme.

Quand la relation évolue, le pervers narcissique va tout faire pour te rendre encore plus dépendant de lui : il va vouloir se marier assez vite avec toi, il va vouloir te faire des enfants… et ça de façon rapide. Cela lui permettra d'être lié à toi à vie. Quand il m'a parlé d'enfant, de façon très subtile, alors que cela faisait seulement 2 semaines que nous étions ensemble, c'était l'un des autres signes qui a commencé à me mettre la puce à l'oreille…

#27 *Quand le pervers narcissique ne fait que de te comparer pour te faire culpabiliser.*

C'était un weekend de novembre 2014. Cela faisait juste 2 semaines que nous étions ensemble. Je m'en souviendrai toujours. J'étais venue chez Nathanaël un vendredi soir, et il s'ouvrait davantage à moi. Je dis ça parce que le pervers narcissique fait tout pour en savoir beaucoup sur toi pour ensuite que cela se retourne contre toi... mais sur lui, tu n'en sais pas du tout ou très peu. Et pourtant, ce soir-là... Il me parla beaucoup de sa relation compliquée avec sa mère et aussi de ses tableaux psychédéliques de femmes dominés qu'il avait lui-même peints... Il faisait tout pour gagner ma confiance. Quand on s'ouvre aux autres, on a tendance à gagner davantage en empathie. Je pensais que les pervers narcissiques ne s'ouvraient jamais, mais en y réfléchissant, c'est une stratégie que certains pervers narcissiques adoptent pour que l'on ne se méfie pas d'eux et qu'on les apprécie davantage.

Le pervers narcissique, bien qu'il ait une vision du "dominant dominé" et qu'il se croit tout puissant parce qu'il est le dominant, il se comporte en réalité... comme une victime. C'est forcément à cause de sa mère qu'il est devenu comme ça. C'est à cause de ses mauvaises rencontres qu'il en est arrivé là où il est aujourd'hui (à vivre au RSA et à avoir un loyer qui n'est même pas payé par lui.) C'est à cause du chat de la voisine s'il n'a pas de femme (blague à part). Mais ce sera toujours la faute des autres et jamais de la sienne. Le pervers narcissique ne sait pas se remettre en question. Il se prend pour "Monsieur parfait" ou (si c'est une femme) "Madame parfaite".

Nathanaël, tout en ayant ses mains fermes posées sur mes genoux qu'il caressait de temps à autre, se confia :
" Tu sais quel est mon type de femme ?

   -   Non, pas du tout… "

Je m'attendais à ce qu'il décrive bien évidemment une femme avec des traits physiques qui s'apparentaient aux miens.

" J'aime les femmes grandes avec des cheveux courts.

- Tout le contraire de moi en fait… Qu'est-ce qu'on fait ensemble dans ce cas-là ?
- Je t'ai déjà expliqué, un jour, que je privilégie l'intelligence au physique, puisque le physique est éphémère, mais l'intelligence d'une personne ne change pas en vieillissant. C'est extrêmement dur, voire impossible de trouver quelqu'un qui nous intéresse, à la fois sur le plan physique et intellectuel. Si j'avais besoin d'une femme avec ce type de physique, j'irais simplement voir une pute !
- Et pourquoi préfères-tu ce type de femme… ?
- Les filles qui ont des cheveux longs sont des emmerdeuses.

De toutes les filles avec qui je suis sortie avec des cheveux longs, elles m'ont toujours apporté des problèmes. Elles me faisaient des caprices de princesse pour que je leur donne ceci et cela… Elles se comportaient comme des petites filles. J'ai besoin de sortir avec une vraie femme, pas avec une gamine ! Annia a les cheveux courts d'ailleurs.

- Pourquoi n'es-tu pas sorti avec elle dans ce cas ?
- Elle n'est pas aussi intelligente que toi. Tu comprends… Tu devrais remarquer que les cheveux longs sont portés par des gamines. Regarde les petites filles : elles souhaitent avoir des cheveux longs pour ressembler aux princesses des dessins animés. Les cheveux longs représentent la féminité, mais uniquement quand on est une gamine… Ça prend un temps fou pour s'occuper de ses cheveux ! Il faut les brosser et pour les filles qui ont encore plus de temps, elles les lissent ou les bouclent… Je n'ai jamais compris comment c'est possible de passer autant de temps à entretenir ses cheveux. C'est une perte de temps folle. As-tu déjà vu une femme politique avec des cheveux longs d'ailleurs ?
- Non, jamais, c'est vrai…
- Parce que ça prend trop de temps pour s'en occuper. Les femmes politiques n'ont pas que ça à faire ! C'est d'ailleurs pour ça aussi qu'à partir d'un certain âge, les femmes se coupent les cheveux de façon courte. En plus de toi, les cheveux longs, ça ne te va pas… Ça alourdit ta silhouette et ça te rapetisse encore plus. Il te faudrait une coupe plus courte, au-dessus des épaules. Une coupe de garçon manqué, ça pourrait même bien t'aller ! J'aime bien ce genre de coupe… Ta frange aussi ne te va pas. Tu as besoin d'avoir le visage bien dégagé."

Durant ces instants, je me sentais terriblement moche. Non pas que je déteste les cheveux courts mais plutôt parce que j'ai toujours aimé les cheveux longs. Je trouvais même que les cheveux longs m'allaient bien mieux que les cheveux courts... Je changeais ce que j'avais l'habitude d'aimer chez moi juste pour lui faire plaisir, par peur qu'il me quitte, par peur d'être rejeté.

Je croyais que tout ce qu'il disait était vrai. À chaque fois qu'il en plaçait une, je pensais qu'il s'agissait d'une vérité universelle... Bien sûr, ce n'est pas le cas. Le pervers narcissique adore rabaisser sa victime, une fois que celle-ci est tombée dans le panneau. À cette époque, j'étais prête à me changer physiquement et à me couper les cheveux pour lui plaire.

Mais NON, je t'arrête tout de suite ! Ne fais pas les mêmes erreurs que moi. Il ne faut absolument pas faire cela. Si ce pervers (ou cette perverse narcissique) te rabaisse et ne t'apprécie pas déjà tel(le) que tu es, qu'il (ou elle) aille voir ailleurs ! La personne avec qui tu es en couple ne doit pas vouloir te transformer physiquement. Si ce n'est pas le cas, il y a vraiment quelque chose qui ne va pas dans cette relation car la personne t'aime pour la projection qu'il se fait de toi et non pour ta véritable image. Cela devrait être un gros signal d'alerte pour que tu t'en ailles. Je pensais cependant qu'à l'époque cela était normal. En même temps, à 18 ans, on n'a pas beaucoup eu d'expériences amoureuses sérieuses…

" Tu n'es pas une rose. Tu es comme une simple marguerite…
- Comment dois-je le prendre ?
- …mais une très belle marguerite.
- Qu'est-ce qui te fait dire ça ?
- Par rapport aux femmes avec qui je suis sortie. Il y a beaucoup de femmes qui étaient très bien constituées physiquement… Dommage que ce n'était pas pareil à l'intérieur de leur cerveau !" Il ricanait.
- Pourquoi n'es-tu pas resté avec elles alors ?
- Je m'ennuyais. Au bout de quelques mois, on avait déjà fait le tour. Je ne me serais pas vu une année de plus avec elles… Alors, avoir des enfants avec des écervelés, n'en parlons pas !
- Tu n'as jamais pu faire ta vie et avoir des enfants, c'est dommage…
- Je ne regrette rien. Après si je suis enfin avec la bonne…" Il souriait tout en me caressant le genou en même temps. "… Je ne serai pas fermée à la question, tu comprends ? Ça me permettrait d'avoir une petite femme qui sera obligée d'être accrochée à moi toute sa vie ! Si ce n'est pas magnifique !" Il éclata de rire… "Je plaisante hein bien sûr… !"

Si toi aussi le pervers narcissique te traite comme une moins que rien, dis-toi une chose : une marguerite est toujours plus belle qu'un vieux tas de poussière… Le pervers narcissique est tellement vide de l'intérieur qu'on pourrait le qualifier de mort vivant.

#28 Le pervers narcissique t'isole pour que tu sois encore plus sous son emprise.

Il le fait en te rendant dépendante à travers l'argent par exemple, à travers ton affection (comme tu en manques cruellement) et/ou même un enfant…

Quand il sent que tu es sous son emprise, c'est à partir de ce moment-là qu'il montre son vrai visage (en te rabaissant, en te faisant culpabiliser (comme vu précédemment)...)

Mon téléphone sonna. C'est ma grand-mère qui m'appelait et elle devait s'inquiéter. Depuis la disparition tragique de mon père, elle s'inquiète très facilement quand on ne rentre pas à la maison à l'heure prévue…

" Ne réponds pas. Ta grand-mère comprendra que tu t'amuses ! Tu es majeure maintenant !

    -   Ça se voit que toi, tu ne connais pas ma grand-mère."

Je prenais mon téléphone mais il me le reprit et le déposa sur la table.

" Profite de la vie ! On va être ensemble tout le weekend !

-   Demain soir j'ai un anniversaire donc ça ne va pas être possible…
-   Ton entourage devrait comprendre que tu es une femme et que tu as besoin de passer du temps avec ton mec maintenant. Tu leur as dit pour nous deux ?
-   Bien sûr que non ! Personne n'est au courant.
-   Tu as honte de moi ?
-   Non, mais tu n'as pas 18 ans…"

Le téléphone vibra à nouveau.

" Tu sais, je suis majeure maintenant, mais je vis toujours chez ma grand-mère… C'est normal qu'elle s'inquiète. Il est 18h53 et je lui ai dit que je serais là pour 18h…

-   Il faut un peu que tu te coupes de ta famille maintenant, que tu décroches de toutes ces relations malsaines que tu as subies depuis petite… Construis ta vie de jeune femme ! Tu as besoin de liberté et surtout… il faut que tu profites de ces moments avec moi."

Le téléphone vibra pour la troisième fois. Je finis par décrocher, sous le regard agacé de Nathanaël. Ma grand-mère hurlait au téléphone :

" Ma tension a augmenté à cause de toi ! Où est-ce que tu es ?

-   Je suis chez une amie...
-   À quelle heure comptes-tu rentrer ?
-   Je ne sais pas du tout…" Je regardais Nathanaël qui me faisait en même temps des gestes pour me guider.

" Je pense que je vais dormir chez mon amie, ce serait plus pratique.

-   Elle habite où cette amie ?
-   Dans Paris.
-   Je ne savais pas que tu avais une amie qui habitait dans Paris, c'est nouveau ça… À quelle heure penses-tu rentrer demain ?
-   Je ne sais pas, je te rappelle demain…

-   O.K., mais tu me promets ?
-   Oui, promis. "

Une fois le téléphone raccroché, Nathanaël intervint en rigolant :

" C'est fou à quel point tu n'arrives pas à t'émanciper complètement de ta famille. Tu vas venir vivre chez moi, ça te changera grandement ! "

Il se mit à allumer son poste de radio CD et me demanda :
" Tu aimes Nirvana ?

-   Ah oui, j'adore ! et toi ?
-   Moi aussi. On était fait pour être ensemble ! Tu sais d'ailleurs à quel point la musique peut avoir un impact considérable sur toi ? Je me souviens que je mettais des musiques d'amour avec mes ex-copines quand on faisait l'amour et nos rapports étaient complètement différents !"

Il me fit écouter Serge Gainsbourg, Magali Noël et Boris Vian - "Fais-moi mal" puis France Gall et Serge Gainsbourg - "Les sucettes" et enfin Jane Birkin et Serge Gainsbourg - "Je t'aime, moi non plus"…

Il faut écouter ces morceaux pour que tu te rendes compte à quel point j'étais dans un contexte hyper malaisant. Durant ces moments-là, je ne savais plus où me mettre, bien que je lui fasse comprendre que ce n'était pas du tout le genre de musique que j'aime écouter… Heureusement, il sentit ma gêne et me fit écouter "Le poinçonneur des Lilas" de Serge Gainsbourg. Il me demandait si je connaissais ce métier, ce qui n'était absolument pas le cas… Je le découvrais en même temps qu'il me l'expliquait.

« Ces métiers dans les métros et les trains ont disparu maintenant. Et tu vas voir que de plus en plus de métiers vont disparaitre. »

Le soir, nous regardions un film bizarre de pinup dont je ne me souviens plus du nom. Je me demandais d'ailleurs pourquoi nous regardions ça. Le film mettant en avant explicitant une femme soumise à un homme, tel un objet. Il me faisait comprendre que c'était complètement normal que le rapport entre un homme et une femme soit fait de cette façon. J'étais tellement naïve que je croyais en ce qu'il disait. J'en arrivais même à me dire que ça devait réellement se passer comme ça, malgré mes vagues expériences passées. Pendant qu'on regardait un film, la plupart du temps, malgré sa volubilité, il me parlait peu. Cependant, vers le milieu du film, il m'informe d'un fait intéressant tout en faisant des gestes pour m'expliquer :

" Tu vois, c'est ça qui rend complexe l'interprétation des films et de la vie en général : quand on regarde le même film, moi je peux regarder par exemple en haut à gauche de l'écran, tandis que toi tu vas regarder en bas à droite. On reçoit alors des informations différentes toi et moi, ce qui modifie notre interprétation et notre compréhension de l'histoire. Je peux louper des informations importantes que toi tu as, et vise et versa. Dans la vie, tu remarqueras que les personnes interprètent ce qu'elles voient à travers leur prisme de connaissance et de croyance. Si un jour, quelqu'un décide de te décourager parce que ses pensées ne sont pas à la hauteur de tes ambitions, s'il te plait Léticia, ne l'écoute pas et ne suis pas ce qu'il te dit. "

Quand il m'avait prononcé ces mots, je ne comprenais pas très bien où il voulait en venir à l'époque... Aujourd'hui, quand j'entends des gens qui ne comprennent pas la valeur qui m'importe le plus, à savoir : la liberté ; et qu'ils vont à l'encontre de mes ambitions entrepreneuriales, je réalise mieux l'impact de ses mots et je fais la sourde oreille à toutes ces personnes qui ne croient pas en moi et qui pensent que je suis "idiote" de continuer dans cette voie. Il ne faut écouter que les personnes qui ont déjà ce que l'on souhaite avoir ; absolument pas les personnes qui ont une vie que l'on ne souhaite pas et qui ne nous font aucunement rêver.

C'est cela qu'il faut retenir dans les mauvaises relations : il y a toujours du bon à en tirer, même si elles nous ont fait beaucoup de mal. Les relations qui ne durent pas sont là pour t'apprendre des choses sur toi ou des leçons sur la vie.

" Tu prépares le diner, ma petite femme ?

- Je t'ai cerné. Tu es un vrai macho en fait !
- Un vrai macho ne te fera jamais de blagues de macho. C'est drôle à quel point tu prends tout au 1er degré.
- Ce n'est juste pas drôle.
- Rien n'est drôle avec toi.
- On peut rire de tout, mais pas avoir n'importe qui... "

Après le diner, je me demandais comment j'allais faire pour l'esquiver, sachant qu'il avait insisté pour que je dorme chez lui... J'insistais en lui disant que je préférais dormir sur le canapé. Je ne voulais aucunement dormir à ses côtés. Il insistait lourdement mais je finis par avoir gain de cause.
" Tu aimes être désirée, toi n'est-ce pas..."

Le lendemain soir, je devais me rendre à l'anniversaire d'une de mes amies. Nous allons l'appeler Marion. Nathanaël ne souhaitait pas que je me rende à cet anniversaire, bien que cela me tenait à cœur.
" Tu la verras demain ta copine. Tu te rattraperas. Ne t'inquiète pas, je suis sûr qu'elle le comprendra si tu annules !

- Non mais il faut que j'y aille."

Il m'attrapa les mains. Il avait une forte poigne...
" Appelle-les pour les prévenir, c'est le minimum. Là vu l'heure, ça va être compliqué pour que tu ailles jusque-là bas en métro. Je n'ai pas envie que tu sois toute seule avec tous ces loubards qui trainent à cette heure-ci...

- Tu ne peux pas m'y accompagner ?
- On serait mieux ici tous les deux. Tu ne penses pas ? Je suis sûr que dans le fond, tu préfères être ici !
- Il faut que j'aille voir mon amie, sinon elle va m'en vouloir.

-   Tu vois, tu veux y aller plus pour lui faire plaisir et parce que tu as peur de culpabiliser, plus que pour te faire plaisir ! Sois un peu plus égoïste. Tu l'appelles et tu lui dis que tu es avec ton nouveau mec. Si elle est intelligente, elle le comprendra. "

Je dégainais mon téléphone et j'appelai Marion, inquiète. Je ne tombais pas sur elle, mais sur mon ami Cevan. Il y avait beaucoup de bruits derrière lui.

"Je ne vais pas pouvoir venir à l'anniversaire finalement, je suis désolée…

-   Ce n'est pas ton genre ça… Il se passe un truc ?
-   Non, rien du tout !
-   Alors pourquoi rigoles-tu ?
-   Je ne rigole pas."

Nathanaël me faisait des gestes bizarres en même temps, ce qui me perturbait beaucoup.

" Tu es où là ?

-   Je suis chez… chez Timéo !"
J'attendais un moment puis il parla à nouveau :
" Marion me dit qu'il peut venir. Ce n'est pas un souci. Tu ne
seras pas seul en plus pour venir, comme il fait déjà nuit. On va
se débrouiller pour le restaurant. On peut très bien rajouter une
place en plus.
-   Non, mais même… ça ne va pas être possible.
-   Mais qu'est-ce qu'il t'arrive ? Tu me caches quelque
    chose…
-   Non, rien du tout ! J'appelle pour prévenir, c'est tout.
-   Mais tout va bien ? Tu es sûr ?
-   Ça va, ne t'inquiète pas pour moi et amusez-vous bien
    surtout !"
Une fois le téléphone raccroché, Nathanaël intervint :
" Tu vois que ce n'était pas si compliqué que ça !"

La soirée avançait au fur et à mesure, nous discutions
beaucoup, comme à notre habitude. Nathanaël recommençait
à me caresser le genou et à m'embrasser de temps en temps.
Ce que je ne réalisais pas d'ailleurs cette soirée-là, c'est que
Nathanaël faisait tout pour m'isoler. Tout semblait être meilleur
si je me trouvais seule uniquement avec lui. Je devais être tout
le temps à ses côtés, quitte à mettre mon entourage de côté,
que ce soit ma famille ou mes amis. Le principe du pervers
narcissique, c'est de t'avoir rien que pour lui pour compenser le
vide considérable qu'il a en lui. Il a besoin de l'énergie des
autres pour se ressourcer, et en particulier l'énergie d'une
personne jeune et hypersensible, puisque ce sont des
personnes riches en émotions et pleines de vivacité. Le pervers
narcissique est un être égoïste. Je me souviens d'ailleurs d'un
jour, où il m'a informé que Timéo était un être égoïste. Comme
j'aime souvent le dire, quand on critique une certaine
caractéristique d'une personne, c'est parce que celle-

ci nous révèle quelque chose de dérangeant en nous. Les autres sont notre propre miroir. "L'enfer, c'est les autres", comme nous le disait notre cher Jean-Paul Sartre.

#29 La vision malsaine de la femme vue par un pervers narcissique en raison de la relation vécue avec sa mère.

"Quand j'étais petit, je me souviens qu'un soir, alors que j'étais sur le point de m'endormir, j'entendais un bruit étrange dans ma chambre… Je pensais au début que j'hallucinais ! Mais je sentais quand même qu'on me voulait du mal. Tu sais, en règle générale, les gens paranos sont des personnes intelligentes parce que cette sensation se base sur l'intuition. Tu sais ce que c'est qu'être paranoïaque ?

- C'est le fait de croire en des choses qui n'existent pas, non ?
- Ça, c'est ce que la plupart des personnes pensent. Plus précisément, en grec, "paranoïa" signifie "à côté de l'esprit". Les paranoïaques ont un délire de persécution. Ils ont l'impression que le monde en a après eux. C'est très bien représenté dans le film "The machinist" de Brad Anderson d'ailleurs. Pour revenir à l'histoire, je regardais sous mon lit, il n'y avait rien. Je décide de me rendormir. J'entends le bruit de nouveau.
- Mais c'était quoi ce bruit ?
- Tu connais Chucky ? J'avais l'impression d'entendre cette voix de poupée qui m'appelait au loin ! Je n'ai jamais eu autant peur dans ma vie que ce soir-là. Je me levais du lit et je me couchais plusieurs fois ! Par la suite, j'ai pris le coup de sang, et je me suis dirigé vers là où j'ai compris que le bruit était. J'ouvrais mon placard… et tu sais ce que j'ai trouvé ?
- Non ?

- Un enregistreur faisait tourner en boucle un vocal que ma grande sœur avait falsifié… Elle avait enregistré des bruits flippants cette folle !"

Quand il était petit, Nathanaël se faisait souvent hurler dessus par ses parents, en particulier sa mère. Il subissait également des traumatismes physiques, en particulier des fessées…

Le pervers narcissique a un énorme problème avec sa mère. Timéo m'a expliqué que Nathanaël a peur de sa mère, d'où le fait de compenser ce traumatisme en rabaissant les femmes… Il a une blessure de trahison vécue entre 3 et 6 ans qu'il n'a jamais réussi à apaiser. Pour les perverses narcissiques, le problème vient de leur rapport avec leur père, au même âge. Le parent du sexe opposé a fait vivre à son enfant une expérience que l'enfant a interprétée comme une trahison. En raison de cette trahison, l'enfant va toujours en vouloir avec son parent du sexe opposé, même en grandissant. C'est bien sûr totalement inconscient. Ceux qui subissent une lourde expérience de relation toxique avec un pervers narcissique vont aller voir un psychologue, se croyant fous. Cela a été le cas pour moi. (Bien sûr, je ne suis pas allée voir un psychologue juste pour ça comme j'avais beaucoup de traumatismes à régler.) Alors que le problème vient du pervers narcissique. C'est surtout à lui d'aller voir un psychologue pour travailler sa relation avec son parent du sexe opposé. Mais cela n'arrivera jamais car le pervers narcissique ne va pas voir de psy. Il pense avoir toujours raison et que les autres ont toujours tort. Forcément, vous êtes fou et lui est parfait et sain.

" Tu sais, il y a quelques années, j'ai eu l'idée d'ouvrir un restaurant aux États-Unis... Je suis sûr que ça aura du succès si je le fais d'ici quelques années ! Mais pour cela, j'ai besoin d'argent. De beaucoup d'argent même... Quand je gagnerai au loto, je pourrai vivre mon rêve !

- Je pensais que tu ne voulais plus remettre les pieds dans l'entrepreneuriat depuis que ton premier restaurant a fait faillite ?
- Non, mais là... Ce sera un restaurant pas comme les autres ! Si tu rentres dans mon restaurant, tu pourrais voir un plafond extrêmement haut et noir, tout comme les murs. Il y aurait une ambiance très particulière... J'aspergerais l'immense salle avec du parfum. Je veux un restaurant unique et singulier, qui n'a jamais existé ailleurs ! On verrait des multitudes de femmes qui seront à quatre pattes et serviront en guise de table. Il n'y aurait aucun serveur. Ce ne serait que des serveuses auxquelles on pourrait leur donner des fessées en illimité !"

Il n'arrêtait pas de rigoler en même temps que de m'expliquer ses idées illusoires et rocambolesques.

" Tu penses vraiment avoir des clients avec une atmosphère aussi écœurante ?

- Les gens sont attirés par trois choses dans la vie : l'argent, la célébrité et le sexe. Je t'assure que mes clients ne seront le genre de personne à venir s'éclater le soir après une journée de travail pénible... Ça les réconforterait face à leur médiocrité de vie ! Les gens adorent dépenser de l'argent qui va leur permettre d'assouvir ces 3 désirs, que ce soit conscient ou non. Ça fera un carton ! J'aurais dû y penser plus tôt !"

Il eut un silence. Je ne savais plus quoi répondre face à cette vision de la femme aussi grotesque... Je ne comprenais pas, mais cela ne me choquait pas plus que cela à ce moment-là. Je l'admirais tellement et le trouvais tellement intelligent que je pensais vraiment que s'il faisait ça, il allait réussir.

" Il est déjà 4 heures et demie du matin... C'est toujours quand on s'éveille tard avec les autres qu'on en apprend le plus sur eux… Les conversations nocturnes sont les plus intéressantes, tu ne crois pas ?"

#30 Une rupture violente mais nécessaire.

Le lendemain, aux alentours de midi, on entendit sonner et toquer de façon insistante à la porte. Le bruit nous réveilla brutalement.
"Mon Dieu ! Mais c'est Timéo ! On a tellement passé une super soirée hier que je ne me souvenais même plus qu'il était invité ! "
Je m'empressais de trouver rapidement mes vêtements puis je courus comme je pouvais dans la salle de bain. Dans la précipitation et le stress, je ne me rendais pas bien compte, mais finalement… j'ai été sauvé par le gong ce jour-là !
Nathanaël accueillait Timéo, une serviette de bain autour de la taille. Timéo était surpris de me voir. Ce n'était pas prévu que je passe le weekend ici… Nous passions ainsi l'après-midi ensemble.
Bizarrement, maintenant que Timéo était là, je me sentais plus apaisée et rassurée. J'avais passé une nuit horrible et je savais qu'il fallait absolument que je me sorte d'ici. J'étais tellement heureuse de le voir ce jour-là… Je rassemblais mes affaires puis Timéo et moi faisions un bout de chemin en métro ensemble. J'ai ensuite pris le RER pour rentrer chez mes grands-parents qui m'avaient élevé.

Mon grand-père m'attendait à la gare en voiture. Évidemment, je n'allais rien lui dire… Ni à lui ni à ma grand-mère. J'étais tellement parano que j'étais partie chercher une pilule du lendemain. Heureusement, une pharmacie de garde était ouverte… J'ai dû faire croire à mon grand-père que j'avais un produit urgent à aller chercher.

En rentrant à la maison, je me regardais dans le miroir de ma salle de bain. Une grosse marque rouge dessinant la main de Nathanaël était apparue sur l'une des parties de mon corps. Je venais de réaliser à quel point il m'avait fait mal. Je n'ai jamais eu de marque qui était restée aussi longtemps sur ma peau : au moins 3 jours... Je revois des images de cette scène horrible vécue cette nuit-là. Je n'avais rien demandé. Je ne voulais rien. Et pourtant, il avait tellement insisté... J'avais peur qu'il me frappe davantage et qu'il me fasse du mal avec ses propos poignants si je disais non. Il savait frapper là où il fallait, dans tous les sens du terme... Je ne comprenais pas comment j'avais pu mériter ça... À la fois, mon instinct me disait qu'il fallait que je le quitte ; en même temps, je croyais que les relations amoureuses se passaient comme ça dans la violence. Je réalise seulement maintenant que l'on est attiré par les relations qui nous offrent ce que l'on connait déjà. Quand on a connu la violence depuis l'enfant, on ne s'attire que des relations qui vont nous faire du mal. Le familier nous attire. Mes grands-parents qui m'ont élevé se sont toujours hurlés dessus, détestés et haïs. J'ai grandi jusqu'à mes 4 ans avec des parents qui se battaient et se hurlaient dessus. Je pensais que le "je t'aime" se faisait à travers des actes violents parce que j'ai toujours vécu dans cette haine. Pourtant, au fond de moi, je sentais bien que quelque chose n'allait pas. Je n'avais pas du tout assez de recul sur cet instant pour m'en apercevoir.

Je ne savais pas à qui me confier et à qui raconter toute cette histoire pour avoir un avis extérieur. Ma grand-mère, qui avait tout de même cette fibre maternelle avec moi et une grande clairvoyance, réalisait que quelque chose n'allait pas. Elle me posait des questions et insistait pour savoir si c'était en raison de Nathanaël que j'étais dans cet état. Elle le connaissait de par son prénom, mais ne l'avait jamais vu. Je ne souhaitais pas lui en faire part, car j'avais peur d'être jugée et pas comprise. Et surtout, j'avais honte de ce qu'il s'était passé… Je ne m'étais jamais sentie aussi honteuse de toute ma vie… Comme avais-je pu être aussi naïve et croire en cette histoire d'amour ?

Je m'enfermais dans ma chambre puis je dégainai mon téléphone. Je tournais en rond, sans savoir si ce que je

m'apprêtais à faire était correct ou non, si je n'allais pas le regretter par la suite… J'avais peur des retours. Finalement, je pris mon courage à deux mains et j'envoyai à Nathanaël :
"Toi et moi, c'est terminé."
Qu'est-ce que je n'avais pas fait là…
Quelques minutes plus tard, j'ai reçu quelques appels. Je l'avoue : je n'avais pas le courage de décrocher. Il n'insista pas très longtemps et finit par m'envoyer des SMS auxquels je ne répondais pas :
" Tu ne réalises pas ce que tu es en train de faire."
" Sale soumise. Tu ne veux pas me parler parce que tu as peur de moi, n'est-ce pas ?"
" Tu n'es qu'une déglinguée indécise. Je me disais bien que tu étais peu nette dans ta tête. Tu es encore plus idiote que ce que je pensais ! Tu rencontreras surement ton futur mari dans un hôpital psychiatrique, comme tes parents."
" Tu me regretteras amèrement. Tu sais très bien au fond de toi que tu ne trouveras jamais quelqu'un de mieux que moi."
" Tu n'es qu'une sale petite pute. Et sadomasochiste en prime. Tu devrais retourner avec ton écervelé de mec. C'est bien ce que tu mérites. Tu as raison, il te faut quelqu'un à ton niveau. Un bon gros soumis d'abrutis ! Comme ça, vous ferez des enfants écervelés bien moches et tu seras accrochée à ce type jusqu'à la fin de tes jours ! J'espère que tu penseras à moi à ce moment-là, haha. "
" Tu sais très bien que tu n'es rien sans moi. Tu es nulle et tu n'arriveras à rien si je ne suis pas là."
" Moi je n'ai pas besoin d'une gamine qui passe son temps à se coiffer comme une princesse avec ses vêtements tout serrés qui la font grossir ! Toi, tu as besoin de moi. C'est vraiment triste ce qu'il t'arrive. Je ne te savais pas aussi idiote. Après tout, tu obtiens ce que tu mérites en me perdant. "

Je n'en pouvais tellement plus que je finis par lui répondre :
" Regarde-toi dans le miroir avant de juger les autres, sale pédophile.

- Si tu étais aussi intelligente que ce que tu crois, tu saurais qu'un pédophile est attiré par un être humain qui n'a pas d'appareil génital. Donc en aucun cas, je suis pervers ! Mais tu es trop immature pour comprendre cela, haha."

" Je vais raconter à tout le monde ta vraie nature. Tes amis et ta famille seraient choqués de savoir qui tu es… !!"

"Timéo ne te parlera plus jamais si je lui fais part de ce que j'ai découvert sur toi."

Je le bloquais. Il y a des choses tellement intimes et horribles qu'il m'a dit que je ne peux même pas les partager dans ce livre…

En lisant ces mots, je pensais réellement que c'était moi la folle. Qu'est-ce que mes amis et ma famille allaient penser de moi ? Est-ce que j'étais vraiment apte à être enfermée ? Il avait une telle emprise sur moi que je croyais, à ce moment-là, absolument tout ce qu'il disait. Le pervers narcissique est tellement fort qu'il arrive à te faire culpabiliser et à retourner la faute contre toi. Je pensais vraiment que tout était de ma faute. Je pensais aussi ne pas mériter mieux et que je ne rencontrerai plus jamais un petit copain à ma juste valeur après cette expérience. Ce ne serait que des mots injurieux pour n'importe qui, mais pour moi, à chaque fois que je recevais ses SMS, ne serait-ce qu'une seule phrase, je le prenais comme un grand coup de poignard dans le dos. Je m'étais tellement confiée à lui sur des choses si intimes, je m'étais tellement dévoilée sur mon histoire personnelle… que je commençais à regretter amèrement tout ce que je lui avais confié. Comment avais-je pu faire confiance à ce type ? Cette histoire avait existé parce qu'elle faisait partie d'une période où je me posais beaucoup de questions philosophiques... Beaucoup trop de questions... Je me sentais déprimée car je cherchais un sens à la vie et à ce monde. Je cherchais un sens à ma propre existence et à mon utilité dans ce monde... Quand on se trouve face à quelqu'un qui a des réponses à tout, que ce soit sur le monde et sur nous, qui nous donne tout ce dont on a besoin, on est capable d'accepter le revers de la médaille ensuite. On pense que c'est normal. Du moins, au début. C'est la contrepartie. Sauf que quand on a une intuition développée, on se rend compte que quelque chose ne va pas... Le pervers narcissique dévoile son vrai visage quand il sait que tu n'es plus sous son emprise. Je n'aurais jamais cru m'attendre à ça de lui, au vu de tout ce qu'on avait pu partager ensemble avant. Je ne m'étais jamais sentie aussi proche de quelqu'un et je ne m'étais jamais sentie aussi comprise... Mais paradoxalement, je ne me suis jamais sentie aussi mal et détruite après une rupture...

#31 Ma reconstruction et mes conseils suite à cette relation si singulière.

J'ai dû aller voir une psychologue pendant cette période de reconstruction. Je lui faisais part de mon état mental : j'avais même pensé à me suicider à l'époque, tellement que l'histoire que j'avais en moi était lourde à porter et que je me sentais littéralement comme une personne sans valeur, sans intérêt et qui ne servait strictement rien à cause de lui... et sans lui... (Le but du pervers narcissique est de te détruire. Il souhaite t'amener jusqu'au suicide... J'ai compris cela bien longtemps après.)

Après cette rupture, j'étais passée de "j'ai tout ce dont j'ai besoin" à "je n'ai plus rien." Un état de vide extrêmement intense, lourd et ingérable. La vie n'a plus aucun sens... J'étais encore plus perdue que je ne l'étais au départ de cette relation. Heureusement, bien que je fusse tombée sur une psychologue qui ne parlait pas du tout... Vider mon sac m'avait fait beaucoup de bien.

Je ne dis pas que je suis heureuse d'avoir vécu cette relation, car j'ai mis plus d'un an à m'en remettre. J'ai mis 1 an à reprendre confiance en moi et à oublier cet énergumène... Pendant tout ce temps, je ressentais un vide indescriptible en moi. J'avais la sensation de ne plus exister. En même temps, je le haïssais d'une force pour cette histoire qu'il m'avait fait vivre... Ce que je voulais par-dessus tout à l'époque, c'était le faire souffrir. Qu'il ressente au plus profond de lui ce que lui a pu me faire ressentir. J'avais tellement besoin de voir des émotions négatives en lui que j'avais même pensé à l'époque à l'embêter au plus haut point, pour rester polie... Je préfère te passer les détails auxquels j'ai pensés, mais disons de la même façon qu'Amélie Poulain avec M. Collignon : couper les lacets de ses chaussures, changer le tube de dentifrice avec un produit pour la peau, changer les poignées de porte, verser du sel dans son whisky. C'est le strict minimum de ce qu'il méritait...

Aujourd'hui, je comprends que la vengeance, même envers le pire des salauds, ne sert à rien. D'abord, parce que Dieu demande de pardonner, même si la rancœur extrême est installée en nous ; mais aussi parce que cette personne ne comprendra jamais ce qu'elle a pu nous faire vivre. Pour régler la douleur qui est en toi, je te conseille d'en parler autour de toi, à des personnes de confiance. En plus de ma psychologue, j'en parlais beaucoup à mes amis (à mon ami Michaël et à Timéo en particulier, surtout qu'il connaissait le personnage...) et c'est ce qui m'a permis de déverser le trop-plein de douleur que j'avais en moi. Il faut surtout en parler à des personnes bienveillantes et qui ne te jugent pas. C'est très important. Je n'en aurais jamais parlé à ma famille, qui m'aurait traité "d'idiote", "d'inconsciente", de "tu es vraiment naïve" et je passe toutes les remarques irrespectueuses qui prouvent leur incompréhension totale...

Quand tu n'as pas le même passé et la même expérience que quelqu'un, tu ne peux pas comprendre ce qu'il a réellement traversé. D'ailleurs, c'est à partir de ces confessions-là que j'ai compris que quelque chose n'allait vraiment pas dans cette relation et qu'elle était très malsaine et toxique. En ayant la tête dans le guidon, je pensais que tout était normal. Il ne faut surtout pas rester seul face à cela. Le mieux est de se tourner vers quelqu'un qui a vécu la même situation que toi ou du moins une histoire similaire. Ce n'était pas du tout mon cas à l'époque et c'est pour cela que je souhaite tendre la main à tous ceux qui ont vécu ce genre d'histoire. Tu pourras d'ailleurs te confier à moi par e-mail à l'adresse qui est située tout à la fin du livre.

Maintenant que cette histoire est loin derrière moi et que le temps a réussi à soigner petit à petit mes blessures, les cicatrices sont restées. J'essaye maintenant de faire de cette cicatrice une force et d'aider un maximum de personnes en proie à ces relations extrêmement néfastes.

Je vais être honnête : aujourd'hui, je n'en veux plus à Nathanaël. Même si je connais le nombre incalculable de fois qu'il m'a insulté auprès de mon ami Timéo, c'est pour moi une marque d'immaturité complète. Je ne lui en veux plus car, selon moi, les pervers narcissiques sont malades mentalement. Ils ont une souffrance extrême en eux dont ils n'ont pas réussi à se débarrasser.

C'est grâce à la PNL (Programmation Neuro-Linguisitique) que je comprends maintenant que chaque décision part d'une bonne intention. Même si elle n'en a pas du tout l'air de prime abord. Une personne qui t'insulte ou te manque de respect par exemple, ce n'est pas parce qu'elle te veut du mal, c'est parce que la colère la ronge tellement à l'intérieur d'elle qu'elle a besoin de la déverser de sorte à alléger son cœur. Une personne qui parait tel un démon est une personne qui souffre terriblement, énormément et atrocement. Tant qu'on n'est pas à la place de la personne, qu'on n'a pas vécu le moindre détail de ce qu'elle a pu vivre, on ne peut jamais se mettre complètement à sa place. Il faut vivre les évènements pour comprendre les douleurs atroces qu'une personne a pu subir. Et encore, même en vivant cela la situation sera toujours complexe car chaque personne vit les évènements de manière différente. Une personne ne réagira pas pareil et ne se sentira pas affectée de la même manière au harcèlement scolaire qu'elle a pu subir à l'école par rapport à une autre personne par exemple… Une s'en sortira rapidement, tandis qu'une autre continuera de vivre avec ses vieux démons car elle n'a pas fait un travail approfondi sur la question. Et quand on souffre et qu'on n'a pas encore réglé ses problèmes et ses histoires, on a un souci par rapport aux autres… On est même dangereux pour eux. Tu n'es pas en mesure de pouvoir les aider. Il faut d'abord faire un travail approfondi sur soi, sur le plan psychologique, pour être capable de dépasser la souffrance des autres et qu'ils prennent conscience que leurs ressources doivent venir de l'intérieur et non pas de l'extérieur : comme l'approbation, l'amour et l'encouragement par exemple.

Si j'ai bien compris une chose, c'est que quand on vit un traumatisme, quel qu'il soit, c'est le temps qui recouvre tout doucement les blessures. Les cicatrices restent enfouies et les émotions et les douleurs qui en découlent s'étiolent. Des évènements nous marquent et on ne les oubliera jamais et les émotions peuvent revenir quand on vit un évènement traumatisant qui s'y apparente. Il faut alors faire des séances d'EMDR (Eye Movement Desensitization and Reprocessing) pour se libérer de ce traumatisme.

Comme l'apprend le stoïcisme, il faut aussi pouvoir changer ses perceptions par rapport à la situation que l'on a vécue. Certes, j'ai vécu une histoire amoureuse avec un pervers narcissique qui n'aurait jamais dû se produire... Mais cela ne m'aurait jamais permis de comprendre le mécanisme des pervers narcissiques dans une relation amoureuse. Je n'aurais donc jamais pu aider les autres à détecter les signes le plus tôt possible pour s'en défaire rapidement avant que cela ne dégénère.

Aussi, à force de répéter les mêmes histoires, cela en apprend davantage sur nous-mêmes. Cela nous permet de comprendre qu'il y a des choses que l'on n'a pas encore totalement réglées en nous. Essentiellement notre manque de confiance et d'estime en soi.

Comme le disait un proverbe chinois : "si quelqu'un t'a fait du mal, ne cherche pas à te venger. Va t'assoir au bord de la rivière et bientôt tu verras passer son cadavre."

PARTIE 2 : LES RELATIONS AMOUREUSES ET AMICALES TOXIQUES, MALSAINES ET HYPOCRITES.

Chapitre 3 : Nicolas, l'homme agressif et perdu.

#32 Un nouvel espoir.

Après avoir raté le baccalauréat 1 fois, j'étais au bord du gouffre. Non seulement je venais de quitter Nathanaël, mais en plus de cela, je me sentais complètement nulle. Je me sentais très seule dans ma classe de cette année et je me demandais si cela n'avait pas eu des conséquences sur mon échec scolaire. Je voulais passer mon baccalauréat à distance, pour ne pas me retrouver avec des personnes plus jeunes. Depuis petite, je m'entendais la plupart du temps avec des personnes plus âgées, plus matures et qui ont un regard objectif sur la vie. J'avais des liens particuliers avec mes professeurs, je m'en souviendrai toujours. On parlait de sujets sur la société, de l'actualité, de la vie... Un professeur réussit à me convaincre que je devais rester au lycée pour passer mon bac. Ce n'était pas plus mal, car au final je restais ainsi en contact avec mes amis qui étaient 1 classe en dessous de moi et rentraient maintenant en Terminale. En 2015, j'ai obtenu mon Baccalauréat littéraire avec mention et cela me redonna espoir. Je finis par m'inscrire sur APB dans une faculté pour suivre un cursus cinématographique. C'est à cette époque que je commençais à créer ma chaine YouTube.

Un jour, des amis du lycée et moi nous étions donnés rendez-vous dans un parc Parisien. Cevan, un de mes très bons amis que j'ai rencontré durant cette époque, me parla d'un garçon qu'il avait rencontré lors de son BAFA et qu'il trouvait très sympa. Il savait que malgré ce qu'il m'était arrivé avec mon ancienne relation avec Nathanaël, je n'étais pas fermée à l'idée de rencontrer quelqu'un.

" Tu vas voir, je suis sûr que vous allez bien vous entendre. Il est hyper intéressant et je sais que toi tu aimes les hommes intelligents et cultivés."

C'est ce jour-là, en juillet 2015, quelques semaines après que j'ai eu la super bonne nouvelle d'avoir eu mon bac, que j'ai rencontré Nicolas dans un parc, accompagnée de mes amis. Cevan nous présentait mutuellement. Bien sûr, nous étions assez timides à ce moment-là, car on ne se connaissait pas. Je me souviens que ce jour, il y avait un soleil resplendissant et réconfortant.

Nicolas était très mince, pas très grand et portait des lunettes. Il était habillé de façon simple : jean, teeshirt blanc et baskets marron clair. Bruns aux yeux verts. De prime abord, ce n'est pas le type de garçon sur lequel je me serais arrêtée dans la rue mais le courant passait super bien. Au fur et à mesure que la journée avançait, sans nous en rendre compte, nous nous sommes détachés de mon groupe d'amis et nous sommes restés en retrait tous les deux. Il me posait beaucoup de questions, il semblait très curieux et intéressé.

Par la suite, nous commencions à nous envoyer des messages et à nous voir juste tous les deux. Je le trouvais intéressant, il avait une vision de voir le monde qui me plaisait beaucoup. Je le trouvais très mature. Heureusement, me direz-vous, car il n'approchait pas loin de la trentaine. Ce détail a son importance, car à l'époque, les garçons de mon âge ne m'intéressaient pas. Ils parlaient de sujets populaires que je trouvais sans intérêt et ne prenaient jamais la peine de réfléchir sur des sujets sérieux. Avec Nicolas, au moins, je ne m'ennuyais pas. Les moments de silence étaient très rares et quand il y en avait, nous savions tous les deux rebondir de suite dessus ou quand ils se prolongeaient, cela ne me dérangeait bizarrement pas. Je me sentais à l'aise et bien aux côtés de Nicolas. Je le trouvais chaleureux et empathique. Je me sentais comprise, car on partageait les mêmes centres d'intérêt (à savoir le cinéma et la musique) et on avait la même façon de voir les choses.

Un jour, nous nous sommes rejoints tous les deux dans un parc. Nous avions l'habitude d'en découvrir des tas de différents sur Paris.
"Sevan m'a expliqué pour… pour tes parents… je suis au courant, vraiment je suis désolée.
- Tu n'as pas à t'excuser pour ça voyons, tu n'y es pour rien !
- Tu sais… Moi aussi j'ai perdu mes 2 parents."
À ce moment-là, mes yeux s'écarquillent. C'était si rare que j'entende ce genre de phrase. Bien sûr, à notre âge, nous ne devrions pas avoir déjà connu ce type d'injustice.
"Je vis donc dans l'appartement de mes parents. Et ma grande sœur vit à côté de chez tes grands-parents maternels, dans cette banlieue un peu perdue." Il rigola doucement. "C'est fou ce que le monde est petit.

- Tu vis seule ?
- Tu es curieuse dîtes-donc ! Tu veux vraiment le savoir ?
- Je demandais simplement.
- T'inquiète, je te taquine. Non je ne vis pas seul, disons que… j'habite avec mon chat Fripouille.
- Tu as un chat ! C'est génial ça, tu sais que je les adore ?
- Ça nous fait un point commun en plus !
- Ça te dirait que la prochaine fois on se fasse un restaurant japonais ? Tu as l'air d'apprécier puisqu'on en avait déjà fait un l'autre fois.
- Ça aurait été avec joie, mais financièrement ça va être compliqué…
- Ah mince pour quoi ?
- Je ne gagne pas beaucoup d'argent chaque mois, tu sais. Je suis au chômage…
- Je te l'offrirai si tu veux, ça ne me dérange pas.
- Non, garde tes sous, ce n'est pas à toi de payer ça.
- Comme tu veux. Ça m'aurait fait plaisir de t'inviter. On est plus à l'ancien temps où ça doit toujours être à l'homme d'inviter la femme !
- Tu as raison, mais je ne veux surtout pas te poser problème financièrement. "

Il eut un long silence, mais je m'en fichais. Je me sentais là où je devais être. Il s'approchait un peu plus de moi petit à petit. Je ne m'en étais même pas rendu compte. Il posa sa main sur mon genou et commença à me caresser, longuement. Je le laissais faire, car c'est ce que j'attendais un peu de lui depuis quelques mois. Peut-être sur pas mal de choses, je suis ouverte pour que ce soit la fille qui fasse le premier pas et donne, mais pour celui-ci, je préférais attendre d'être sûr que je plaise au garçon et qu'il vienne vers moi… On se regardait du coin de l'œil, quelquefois

145

en se surprenant et vers la fin plus longuement. Il finit par comprendre qu'il m'intéressait, me prit le visage de ses deux mains et m'embrassa.

#33 La découverte d'un univers peu rassurant.

Quelques semaines après que nous soyons ensemble, Nicolas me fait découvrir la ville et l'appartement où il habitait. Je trouvais ça encore plus éloigné de là où sa sœur et mes grands-parents habitaient, car il fallait prendre le RER et encore un bus ensuite. C'est la même chose pour aller voir mes grands-parents, -ce qui n'est guère pratique je trouve- mais là, c'était bien pire parce qu'il fallait marcher quelques minutes avant d'atteindre le bus puis, une fois descendu du bus, il fallait marcher encore davantage sur une montée très en pente pour arriver à son immeuble. En plus, il faisait nuit noire quand nous marchions sur la montée et le chemin était éclairé par de faibles lampadaires. Nous étions en plein horaire d'hiver et il faisait donc nuit tôt.
"Mais comment fais-tu pour supporter ça tous les jours ?
-   C'est pour ça que je suis bien content de ne pas avoir de travail en ce moment !
-   Pourquoi ne prends-tu pas une voiture ? Ce serait bien plus pratique pour toi.
-   Je n'ai même pas le moyen de me payer le permis."
Un groupe d'individus se trouvait juste à côté d'une petite

épicerie, en bas de l'immeuble. Nous étions obligés de passer devant eux pour prendre le raccourci qui menait à l'entrée de l'immeuble. Nous nous situons à quelques mètres et Nico me chuchota :

" Ne fais pas attention à eux. Évite de les regarder si tu préfères qu'ils ne te fassent pas de réflexion.

- Ce n'est pas très rassurant tout ça. Pourquoi me feraient-ils des réflexions ?
- Parce que je n'ai pas du tout l'habitude de ramener une fille ici. Ma sœur vient rarement me voir, c'est souvent moi qui vais chez elle. Tu sais, ça faisait un long moment que j'étais célibataire avant qu'on se mette ensemble et avant toi, quand je ramenais une fille chez moi, ils ne pouvaient pas s'empêcher de me poser une multitude de questions et de faire des remarques sur son physique dès qu'elle passait."

Nous passions juste devant et je sentais une tension dans l'atmosphère. Je sentais que les regards étonnés se braquaient sur moi, mais je ne disais rien et préférais faire la sourde oreille. Je me faisais la plus discrète possible, mais cela commençait déjà à me mettre mal à l'aise. Nico ouvrit les deux portes de l'immeuble devant moi comme j'étais chargée puis il arriva

devant l'ascenseur. Il appuya sur le bouton, mais l'ascenseur ne vint pas. Au bout de plusieurs secondes, il m'informa :
" Bon, attends-moi là. Je vais aller au 1er étage pour appeler l'ascenseur et le ramener ici. "
Cela me rassurait de moins en moins. L'ascenseur finit par arriver. Une fois arrivés au 5e étage, Nico ouvrit la porte de son appartement et Fripouille, son chat, se tenait juste devant nous. Il se caressait sur les jambes de Nico puis vint vers moi et commença à me renifler.
" Il n'est pas agressif comme chat, ne t'inquiète pas. Il ne te connait pas donc il souhaite juste s'imprégner de ton odeur.
- Non, mais je n'ai pas peur qu'il me griffe, ne t'inquiète pas.
- Entre, fais comme chez toi !"

Contrairement à chez Nathanaël, je trouvais l'appartement particulièrement grand. Surtout pour une personne vivant seule avec son chat. En entrant, la cuisine se trouvait à notre gauche, dans le salon (qui faisait également office de chambre) tout de suite à droite. Devant l'entrée se trouvait un couloir, dont la salle de bain se trouvait collée à la cuisine.
Dans le salon se trouvait une pièce cachée vers la droite, sans

porte. La pièce était assez grande pour en faire une chambre. Nico possédait une autre pièce qu'il utilisait comme bureau au fond du salon.

" On vivait ici avec mes parents et ma sœur quand on était petit. C'est pour ça que je vis dans un appartement aussi spacieux.
- Ah oui, je comprends mieux."

Nico se dirigea vers la porte-fenêtre de son salon puis l'ouvrit. On pouvait voir un petit balcon de l'autre côté.

"Tu n'es pas frileuse j'espère ?
- Pour ça, tu n'es pas tombé sur la bonne personne !
- Mince, je fais vite alors."

Il avait une cigarette au bec et devait sans doute chercher son briquet.

" Je ne savais pas que tu fumais.
- J'essayais de le cacher, car je sais que tu n'aimes pas trop ça…
- Comment le sais-tu ?
- C'est Sevan qui me l'a dit.
- Du moment que tu ne me forces pas à fumer, ça ne me dérange pas.
- Je ne suis pas comme ça du tout."

Il eut un silence, puis il reprit la parole :

" Mes amis aussi sont des fumeurs. J'aimerais beaucoup te les présenter un de ces jours, mais j'ai peur que ça ne colle pas trop entre vous…

- Pourquoi ça ?
- Je pense que vous n'avez pas les mêmes centres d'intérêt. Eux ils… comment dire…"

Je le regardais d'un air incompréhensible.

" Disons qu'ils fument beaucoup, mais pas… que de la nicotine.

- Ah ouais je vois…
- Ils ne font pas que ça aussi… Ils dealent beaucoup… Finalement, ça me dérange de te les présenter, je ne veux pas trop que tu les fréquentes. Et puis, j'ai peur qu'ils disent des choses bizarres sur ton physique, ça me rendrait fou.
- Qu'est-ce que tu veux dire par là ?
- Tu es jolie et ce n'est pas souvent qu'on croise des types de filles comme toi.
- Pourquoi as-tu décidé de fréquenter ces personnes si elles ne sont pas bonnes selon toi alors ?
- Ça fait de nombreuses années que j'habite dans cet immeuble. On se connait tous ici. J'ai pris l'habitude d'échanger avec eux et c'est comme ça que le lien s'est créé.
- C'est dommage que je ne puisse pas les voir. Je suis quelqu'un d'ouvert, tu sais…
- Ce n'est pas le souci. Je ne veux pas que tu les voies. Un point c'est tout."

Il se tut quelques secondes puis me dit :

" Par contre, j'ai un meilleur ami comme toi. Il s'appelle Paco. Je pourrais te le présenter si tu y tiens absolument. Il n'est pas méchant. C'est juste qu'il ne sait parler que de Rap et de MacDo… Ce sont les seuls sujets de conversations qu'il a.

- Mince, tu sais que je ne suis pas une très grande connaisseuse de Rap. Et pourquoi parle-t-il souvent de MacDo ?
- Parce qu'il travaille là-bas. Il y a Roger aussi qui faudrait que je te présente. Il n'a pas notre âge Roger par contre… mais il habite dans cet immeuble.
- Mais tu sais que je m'entends bien avec les personnes plus âgées donc ça ne me pose pas de souci. Je m'adapte. Il a quel âge si ce n'est pas indiscret ?
- Je suis comme toi de ce côté-là. On a développé une belle complicité avec Roger. Il a une cinquantaine d'années, mais notre écart d'âge ne se ressent même pas. Je vais leur envoyer un message aux deux d'ailleurs afin de programmer la 1re rencontre. "

#34 L'avis de tes amis doit être pris en compte.

Roger et Paco n'étant pas encore disponibles, je décidais de présenter en première Nico à mes amies. À l'époque, j'étais de nouveau en contact avec ma meilleure amie Suzanne avec qui nous nous étions perdus de vue depuis des années. La complicité entre nous était toujours là, malgré le temps qui passe. Mon meilleur ami Timéo nous avait également rejoints, ainsi que Cevan. Nous nous étions donné rendez-vous dans une station de métro précise. Ce jour-là, je venais de chez ma grand-mère paternelle, chez qui je vivais durant cette époque et comme j'ai un défaut qui est assez vilain… bien sûr, j'arrivais en retard à notre rendez-vous. Mes amis sont arrivés avant moi. J'arrivais en courant, m'excusant tout en disant bonjour à mes amis. Suzanne m'informa :

" Apparemment ton Nico est déjà là et Cevan est parti le chercher, mais on l'a cherché avant : il nous a donné un lieu et on ne l'a pas trouvé...

- On va aller rejoindre Cevan alors."

Au bout de plusieurs minutes, nous finîmes par trouver Cevan… accompagné de Nicolas en rage. Je ne l'avais jamais vu dans cet état-là jusqu'à maintenant.

" Ce n'est pas compliqué d'arriver à l'heure ! Moi j'étais là avant tout le monde, je suis même arrivé un peu en avance ! Quand on est respectueux, on arrive à l'heure !

- J'ai ce défaut-là je sais, je ne suis pas parfaite et si tu ne l'acceptes pas…

- Bonjour." Intervient Suzanne, sur un ton légèrement condescendant pour faire réagir Nico.

"Si je ne l'accepte pas alors quoi ?!!

- Tu n'as qu'à partir.

- C'est ce que je vais faire, tiens !

- Ce qui est plus malpoli c'est de venir enrager sans la peine de dire bonjour" fit remarquer Timéo.

" Il y a pire qu'un retard dans la vie quand même…" Cevan essayait de rassurer Paco comme il pouvait.

"Ça fait plus de trois quarts d'heure que je poireaute ! Ça se voit que vous n'avez pas subi le temps, vous ! En plus, vous étiez trois ! Moi j'étais seul pendant presque 1 heure comme un con !"

Suzanne nous chuchota :

" Je ne comprends pas comment on peut se mettre dans des états pareils juste pour ça... C'est d'un ridicule. " Puis elle s'adressa à Nico :

" Écoute, maintenant on est tous les 5 ensemble, je pense que c'est le principal non ?

- Oui, mais ça ne change pas le fait que Léti m'a manqué de respect !
- Je ne manque de respect à personne en faisant ça. Il ne faut pas le prendre personnellement. C'est juste que j'ai du mal à gérer le temps...
- On pourrait peut-être faire les présentations maintenant, ça serait plus sympa, non... ? " demanda Suzanne.

Pour changer de conversation, comme Suzanne l'avait malignement suggéré, je m'empresse de faire de brèves présentations de mes amis à Nico. Puis, nous marchions vers la sortie du métro tout en discutant. Suzanne m'a prise en aparté.

" Il est vraiment agressif ton mec. Il va falloir qu'il se calme... Si je peux te donner mon avis, même si je le connais peu : je ne le sens pas du tout."

Sur le coup, je ne savais pas trop quoi en penser. Il me paraissait normal d'avoir un comportement comme ça, étant moi-même quelqu'un d'agressif quand quelqu'un me pousse - énormément à bout-. Je n'étais peut-être pas aussi irascible que lui, mais mes sentiments camouflaient les défauts que je pouvais voir en Nico.

#35 Les fréquentations : 1 signe révélateur de la vraie nature d'une personne.

Quelques semaines plus tard, en plein mois d'hiver de fin d'année, je voyais son meilleur ami Paco pour la première fois chez Nico. Il m'avait à peine dit bonjour. Nico et Paco s'étaient isolés sur le balcon, car Paco fumait aussi. Je pensais discuter un peu avec eux, mais Paco semblait vivre comme si je n'existais pas. C'est la première fois que je ressentais ça et je trouvais ça vraiment étrange.

"Tu l'excuseras, il a du mal à s'adapter socialement, Paco…
- C'était assez malaisant, je le reconnais…
- Mes autres amis ne sont pas aussi maladroits que lui. Ne t'en fais pas."

Nico avait décidé de me présenter à ses amis qui habitaient le plus proche de chez lui le même weekend. Le dimanche, nous allâmes toquer à la porte de Roger. Ce dernier nous ouvrit et nous accueillit en parlant fort, tel un homme de théâtre. Contrairement à Paco, il m'adressa au moins la parole et me demanda si j'étais bien la petite amie de Nico.

" Je ne ramène pas n'importe qui ici Roger, tu devrais le savoir.
- J'en doute fort ! Je ne m'attendais pas à voir ça. Rentre voyons ! Je ne vais pas te manger hein !"

Roger me regardait d'une façon malsaine et singulière. Je n'aimais pas trop la manière dont il s'exprimait non plus, il semblait imbu de lui-même. Sauf qu'une fois entrée à l'intérieur de l'appartement, je ne me suis jamais sentie aussi mal à l'aise chez quelqu'un. Je me croyais typiquement dans une scène de film. L'atmosphère était macabre. L'endroit était peu éclairé, malgré que l'appartement se situait à un étage élevé. Il y avait peu de décors, c'était un endroit très impersonnel. Roger avait un physique, disons… plutôt atypique. Il n'était ni très grand, ni très jeune, mais il avait surtout un teint macabre et un regard sombre. Il me regardait d'une façon insistante, comme s'il avait l'intention de me grignoter. Ses yeux, son visage et sa façon de se tenir me terrifiaient. Malgré ses intentions qui paraissaient bonnes en apparence, je ne me sentais pas du tout à ma place à cet endroit. Je ne sentais pas du tout cet individu. Il me faisait même peur.

Un homme et une femme se tenaient dans le salon. Cela me rassurait un peu plus, bien que le malaise se remit à s'installer une fois qu'on m'invita à m'assoir : je ne savais pas trop quoi leur dire et eux non plus apparemment. Pour tout te dire, je ne me rappelle même plus s'il s'agissait d'amis ou de membres de sa famille, mais bref. Roger et Nico discutaient comme de bons vieux amis qui semblaient se connaitre depuis l'enfance pendant un long moment, nous laissant tous les 3 dans le silence. Ils arrivèrent après de longues minutes pour nous servir des boissons. J'osais à peine boire dans mon verre…

Après de bonnes rigolades en duo, Nico finit par comprendre que je ne me sentais pas très à l'aise et finit par interroger Roger sur un autre sujet :
"Il n'est plus là ton chat ? Où est-ce qu'il se cache ?
- Tu n'es donc pas au courant ?
- Au courant de quoi ?
- Cette saloperie de bestiole… il a abimé tous mes canapés et a cassé 2 vases hier ! Ce n'est pas la première fois qu'il me fait le coup. J'ai pris le coup de

sang. Il me menait à bout. Je l'ai pris par le cou et j'l'ai
flanqué de toutes mes forces contre le mur !"

Il montra du doigt le mur juste au-dessus de sa cheminée qui
se trouvait juste à côté d'eux et en face de moi. Les 3 convives,
dont Nico, ne semblaient pas plus choqués que ça. J'étais
horrifié par ce que je venais d'entendre et me disais que ce
n'était pas possible, que je devais rêver. Malheureusement, ce
cauchemar était réel. Je me sentais encore plus mal à l'aise et
n'avais qu'une envie : c'était de partir vite d'ici !

"Quand je suis énervé, tu ne peux pas t'imaginer ce que je suis
capable de faire…"

Je fixais du regard Nico pour qu'il comprenne mon intention,
mais il écoutait Roger attentivement.

"Heureusement que ce n'était pas une femme… alors là…"

J'avais malheureusement laissé mon téléphone qui était dans
mon sac que j'avais laissé dans l'entrée à côté de nos
manteaux. Mon regard insistait sur Nico, mais il ne se rendait
compte de rien… Roger finit par s'adresser à moi tout en riant :

"'Faut pas s'inquiéter. Je ne ferais aucun mal à mes proches.
Je le jure !"

Je me demandais à ce moment-là où avait bien pu passer sa
femme. Je profitais de ce moment où ce fameux Roger rigolait
de ce qu'il avait fait pour appeler Nico et lui montrer du regard
la porte et ma montre, discrètement.

#36 Tu mesures le vrai caractère d'un homme (ou d'une femme) à son comportement vis-à-vis des animaux.

Une fois rentré chez Nico, je l'ai informé du fait que je trouvais
que son ami Roger était un malade mental. Selon moi, étant en
couple, nous devions être le plus francs possible l'un envers
l'autre.

" Au moins, il dit des vérités qui blessent, mais il dit la vérité lui
au moins.

- Qu'est-ce que tu racontes ?
- Tes amis… ne sont pas des amis. Ce sont de véritables hypocrites !
- Pourquoi est-ce que tu dis ça ?
- Ils parlent derrière ton dos. Je ne pense pas que ça doit être agréable à entendre.
- Comment peux-tu savoir ça ?
- Tu sais qu'on a un gros point commun tous les deux : on a une intuition très forte. Et je sens que tes amis ne disent pas tout ce qu'ils pensent de toi. C'est de la lâcheté et un manque d'audace de ne pas être franc envers les autres. Mes amis au moins, ils sont peut-être bizarres, mais ce qu'ils disent est loin d'être idiot et ils sont francs eux au moins !
- Parce que tu trouves ça normal toi qu'un homme doit battre sa femme si -d'après lui- elle lui manque de respect ?
- Je comprends ceux qui le font. Mais ce n'est pas pour autant que je le ferais.
- Quoi ?! Tu serais prêt à lever le poing sur moi ?
- Non ! Je viens de te dire que non !" Nico hurlait dans toute la pièce. Je ne savais plus où me mettre. Quand il sentit d'un coup une odeur… inhabituelle.

" Oh non c'est pas vrai… Il l'a encore fait cet abruti !
- Fait quoi ?"

Nico alla vers le lit et rapprocha son visage du matelas.

" Il a encore pissé sur le matelas cet abruti de chat !"

Il se retourna face au mur.

" Mais ce n'est pas vrai ! Je vais le tuer ce chat ! Ce n'est pas la première fois qu'il me fait tout ça ! Ce n'est pas possible d'être aussi bête que lui ! "

Fripouille avait griffé une bonne partie du papier peint.

" Mais tu sais que si un chat se comporte comme ça c'est parce qu'il est extrêmement stressé et apeuré.

- Stressé de quoi ? Je lui donne suffisamment à manger, je lui donne de l'affection et joue avec lui quand il veut. Sa litière est changée régulièrement… Qu'est-ce qu'il lui faut de plus ?
- Ça n'a peut-être rien à voir avec ça justement.
- Ça à voir avec quoi alors ?"

Je n'osais pas dire à Nico que le fait qu'il hurle sans arrêt devait sans doute faire peur à son matou. Il semblait craintif de temps en temps quand j'essayais de venir vers lui pour le caresser. Après tout, je ne sais pas ce que Nico lui faisait en mon absence… Je commençais à remettre de plus en plus en question le fait qu'il puisse rester calme et jamais irascible.

Nico continuait de hurler dans tous les sens : Fripouille avait uriné dans d'autres coins de l'appartement. Il n'employait que de gros mots et finit par mettre un grand coup de poing contre le mur. Nico prit Fripouille par le cou et le chat n'arrêta pas de pousser des gémissements. Il se dirigea vers la porte-fenêtre du balcon, l'ouvrit et je hurlai :

" Mais arrête !

- Maintenant tu vas arrêter de faire des conneries ! Est-ce que c'est clair ou je te balance par-dessus la rambarde ?"

Fripouille continuait de gémir. Je criais :

"Ne lui fais pas de mal !"

Nico balança le chat, sans aucun scrupule, sur le balcon puis s'éloigna. Je rappelle que nous étions en plein hiver, il faisait un froid de canard dehors… Évidemment, Fripouille se dirigea vers la porte-fenêtre et se mit à gratter de toutes ses forces. Je me dirigeai vers lui pour l'ouvrir. Nico intervint d'un ton sec :

"Si tu fais ça… Je te garantis que tu vas avoir des problèmes.

- Tu es devenu fou ou quoi ?!
- Ce chat m'a mis en pétard ! Il n'a pas à faire autant de bêtises, c'est impardonnable."

Fripouille continuait de gratter la porte. Nico se dirigea plus près de lui, s'agenouilla à sa hauteur et se mit à hurler :

" Il porte bien son nom tiens : Fripouille, sale casse-couille ! Tu n'as pas fini de m'emmerder avec toutes les saloperies que tu me fais ! J'ai fait quoi moi pour mériter ça ? Hein ? Je te loge, je te nourris, je nettoie ta merde et c'est comme ça que tu me remercies ? J'aurais dû te laisser où je t'ai trouvé… J'ai été trop con. On me prend toujours pour un con de toute façon. Le respect n'existe plus."

Il se leva et retourna vers la cuisine.

" T'inquiète pas, il va se calmer. D'ici 20 minutes tu ne l'entendras plus.

- C'est horrible ce que tu lui fais subir. Ce n'est pas la 1re fois que tu fais ça... ?
- Il a l'habitude, oui... Ne t'en fais pas. Il a des poils, il ne supporte pas aussi mal le froid que nous."

Je le regardais à travers la vitre. Je n'avais jamais vu un chat aussi malheureux de mes propres yeux. Je ne sais pas ce qu'il pouvait se passer si j'osais ouvrir cette porte. J'étais littéralement offusquée.

Depuis ce weekend mouvementé et surprenant, Nico et moi continuons de nous voir régulièrement. J'avais mis de côté ce qu'il avait pu se passer et je continuais à m'épanouir dans notre belle complicité et notre compréhension réciproque. Je trouvais que, de par son passé plus ou moins similaire, il était normal que nous nous entendions aussi bien. Nico arrivait à se débrouiller pour me faire plaisir et nous allions de plus en plus dans des restaurants, nous fréquentions aussi les foires du trône et continuons aussi de nous balader dans les parcs parisiens.

#37 *Un weekend horrible pour un anniversaire.*

Quelques semaines plus tard, nous sommes au milieu du mois de février 2016. Je venais passer le weekend chez Nico, car il s'agissait d'un weekend assez particulier. Du moins, je pensais que ça le serait d'une façon positive… Nico était parti faire des courses. Comme j'avais beaucoup de travail à faire, il m'avait laissé l'appartement pour moi toute seule. Quand le travail que je dois rendre pour l'université est terminé, j'avais l'habitude de tourner des vidéos pour ma chaine YouTube, que je venais tout juste de créer.

J'étais en train de finir de tourner une vidéo quand j'entendis le bruit des clés dans la serrure et dirigea mon regard vers la porte d'entrée. La porte se claqua brutalement contre le mur, faisant apparaitre Nicolas avec 2 grands sacs de courses remplis à ras bord. Il avait du mal à passer le seuil et se mit à trébucher presque tête la première dans un des sacs en plastique.
" Tout va bien ? Comment tu te sens ?"
Aucune réponse. J'essayais alors de le relever, mais Nicolas poussa un grognement digne d'une oursonne essayant de protéger ses petits. Je n'insistais pas et j'allais m'assoir, commençant de plus en plus à me poser des questions. Nicolas se releva difficilement et lentement, mais finit par y arriver. Il laissa sur le côté les sacs de course puis s'écroula brusquement la tête la première dans le lit, comme s'il venait de courir un marathon de 1000 km.
Je finis par comprendre ce qu'il s'était passé. Nicolas avait sans doute bu, une fois de plus, avec ses amis dealeurs de drogue qui ne lui avaient sans doute pas filé une barre chocolatée pour s'amuser. Je me décalais alors du lit pour ne pas le toucher. Je me sentais imprégnée d'un profond dégout.
Nicolas se leva et commença à me baragouiner des paroles

dans une langue que je ne comprenais pas ; une langue qui n'existait clairement pas d'ailleurs. Nicolas essayait de parler, mais il était tellement soul (son haleine empestait l'alcool) qu'il n'arrivait plus à prononcer le moindre mot correctement. J'essayais de communiquer avec lui en lui disant qu'il n'avait plus toute sa tête, mais cela ne menait à rien.

Au bout de quelques minutes, -qui parurent une éternité-, Nicolas s'écroula de tout son poids sur mon trépied. J'essayais de le soulever pour le poser sur le lit, mais en vain. Malgré son poids plume, je n'avais pas la force de le bouger. Je me suis mise à lui crier dessus quand je me suis rendu compte que Nicolas avait cassé mon trépied, car je n'arrivais plus à le refermer correctement. Malgré son état littéralement pathétique et complètement fragile, Nicolas essaya de m'aider et réussit à refermer le trépied.

En panique, je laissai Nicolas en train de végéter sur le lit puis je m'installe dans le bureau à côté, accroupie à côté de la porte que je préférais laisser ouverte pour le surveiller.
J'appelai sans réfléchir la 1re personne en qui je pensais en 1er : il s'agissait de Michaël. Michaël est un très bon ami et je sais qu'en cas d'évènement grave, il est présent pour moi. Par chance, il répondit au bout de 2 sonneries seulement.

" Allo Michaël ?

- Salut Léticia, comment tu vas ?
- Écoute, ça ne va pas trop… J'ai peur que ce soit pire que ce que je pense.
- Oula tu me fais peur, qu'est-ce qu'il se passe ?
- Il y a Nicolas qui est en train de dormir à côté…
- Bah tant mieux j'ai envie de te dire. C'est quoi le problème ?
- Non mais il est rentré en baragouinant des mots incompréhensibles. J'ai essayé de communiquer avec lui, mais en vain… Il a même cassé mon trépied…
- Olala alors celui-là… mais il est bourré, nan ?
- Son haleine empeste l'alcool donc je crois bien oui.
- C'est un coma éthylique qu'il fait alors.
- C'est quoi ça … un coma éthy… quoi ?
- Un coma éthylique. Quand tu n'as pas l'habitude de boire et que tu avales une grande quantité d'alcool pendant un laps de temps restreint, tu as de grandes chances d'en faire un.
- Mais c'est grave de ouf ce qui lui arrive alors ! Ce n'est

163

pas rassurant du tout. Tu ferais quoi à ma place toi ?
- Prends tes affaires et casse-toi, sérieux...
- Le problème c'est que demain c'est son anniversaire, tu imagines quand il va revenir à son état normal, comment il va me traiter... Je ne sais pas quoi faire...
- Olala mais dans quelle galère tu t'es mise... Je ne peux même pas venir t'aider là, c'est compliqué pour moi. Comme tu le sais, je n'ai ni véhicule ni permis... Écoute, tu ne peux pas appeler ton grand-père pour qu'il vienne te chercher ?
- C'est trop loin de chez lui et puis on revient au même problème... Je le laisse seul le jour de son anniv...
- Mais tu as peur qu'il te tape ?
- Non, mais... enfin, tu le connais... il va se montrer hyper violent verbalement avec moi s'il découvre que je l'ai lâché le jour de son anniv. Tu sais à quel point il est susceptible et prend tout personnellement.
- Et tu ne peux pas essayer d'appeler quelqu'un d'autre pour qu'on vienne t'aider ? Voir même carrément les pompiers ?
- Déjà je t'ai au téléphone et ça me rassure un milliard de fois. Tu n'imagines pas comment. Si j'appelle les pompiers, j'ai peur des conséquences aussi... Ils mettraient surement au courant sa famille et je ne veux pas que ça me retombe sur le dos après.
- En tout cas, une chose est sure : laisse le bien dormir." Il rigolait. "Au moins, tu as la paix pour quelques instants !
- Oh, mais je ne comptais pas le réveiller comme tu dis !
- Qu'est-ce que tu comptes faire alors maintenant ?
- Pour le moment, je laisse couler... On verra bien comment la situation évolue... À part ça, ça va toi ?"
Nous avons parlé pendant au moins 2h au téléphone. Michaël

comprenait que j'avais besoin de me changer les idées et surtout… que j'avais besoin de compagnie. J'avais l'impression d'être folle dans cette situation mais Michaël me faisait bien comprendre que le problème était Nicolas et pas moi et que je n'avais pas à culpabiliser sachant que je ne l'avais aucunement incité à boire et à se droguer.

Nico finit par se réveiller au bout de quelques heures. Il était maintenant en état de parler en Français, mais la manière dont il s'exprimait était tout de même biscornue.

" Ce sont mes amis… c'est leur faute… je n'ai pas l'habitude et… je suis désolée."

Suite à cette histoire et également à un harcèlement sexuel que j'ai subi bien plus tard, j'étais frustrée de ne pas connaitre le numéro de la police pour les sourds et muets :

114

Je t'invite fortement à retenir ce numéro. En cas de besoin, tu pourras contacter les services de police pour avoir de l'aide et communiquer avec eux par écrit, si tu n'as pas la possibilité de t'exprimer à l'oral… Ce numéro est gratuit et disponible 7j/7 et 24h/24.

#38 Une rupture qui prend des proportions démesurées.

Depuis ce jour-là, cet individu n'était officiellement plus mon petit ami dans ma tête. Ma décision était prise et j'attendis plusieurs jours, le temps que la période de son anniversaire passe, pour rompre avec lui. Il me manquait clairement de respect et n'arrivait pas à se faire à cette idée. Mais je sentais que je n'avais plus le choix. Qu'il était vraiment bon pour moi que je rompe définitivement avec lui ! Je ne voulais plus le voir. J'étais chez mes grands-parents à ce moment-là et tout se passait par message.

"Si tu fais vraiment ça… Tu sais que j'ai des photos de toi compromettantes… je vais tout balancer sur internet !"

Il m'envoyait ses messages avec plein de fautes d'orthographes et de mots abrégés.

Quelques minutes s'écoulèrent avant que je ne trouve ce que j'allais bien pouvoir lui répondre.

"Tu peux répondre par respect s'il te plait ?"

"Si tu ne me réponds pas tu peux me croire, je vais à la fois là où habitent tes grands-parents et là où habite ton autre grand-mère, c'est comme tu veux, le fait est que tu dois m'appeler :P"

"Et je sais que tu reçois et vois mes messages donc merci d'y répondre..."

"Sérieux, tu ne veux pas répondre ? Ce serait utile pour toi :P".

"Alors, tu fuis encore ?"

"J'ai les numéros fixes, tu veux vraiment me pousser à appeler chez eux ?"

"Sérieux tu veux jouer à ça ?"

J'appelai Michaël pour tout lui expliquer. J'avais l'impression d'être folle et je commençais limite à culpabiliser d'avoir rompu avec lui. Michaël me rassura en me faisant comprendre que c'était lui qui me manquait de respect, car il ne respectait pas mon choix de rompre avec lui et que surtout, ce qu'il faisait été du harcèlement puisque je ne souhaitais plus discuter avec lui. J'avais l'impression de parler à un mur qui ne comprenait en rien ma décision.

" Je suis sûr qu'il a encore bu vu les messages que tu m'as envoyés..." Me disait Michaël au téléphone. Nico ne s'arrêtait pas :

"Je sais que tu vois mes messages.
-   Mais t'es complètement malade ou quoi ? Si je n'ai pas
    envie de te répondre, je ne te réponds pas.
-   Il y a une raison, explique.
-   Et je n'ai pas coupé mon téléphone. C'est juste que tu
    m'as appelée quand je parlais déjà avec ma famille.
-   Mais fais attention aux mots que tu emploies, car à la
    base c'est toi qui étais partante pour qu'on se voie pour
    discuter de tout ça... Tu m'insultes de malade, moi je
    veux riposter, tu t'es prise pour qui ???"

Je laissais couler. Je comprenais que quoi que je disse, il
resterait toujours braqué sur sa position ; mais Nico ne faisait
que d'insister.

"C'est bien ce que je pensais, t'es lâche.
-   Ça ne sert à rien de discuter avec des gens comme toi.
-   Tu n'es pas sérieuse, tu le lis ça ?! Ouiiiii.
-   Tu as dû encore boire, tu n'es pas dans ton état normal.
    Allez tchao, je n'ai pas besoin de parler avec des gens
    néfastes.
-   Euh... Ne me manque pas de respect s'il te plait, c'est
    toi qui n'as pas respecté quoi que ce soit...
-   Ah parce que tu n'en manques pas peut-être ? Bonne
    écoute, arrête les messages, je n'ai plus envie de te
    parler.
-   Non pas du tout, réponds tu verras, au lieu d'élaborer
    des hypothèses foireuses... lol bah oui tu fuis. D'ailleurs
    là je ne sais plus pourquoi parce que je ne reste pas
    comme toi sur le Net donc tu peux répondre si t'as la
    conviction de ton message. Et dire que j'ai bu ptdr, t'es
    trop conne. Tu vois avec toi, il est toujours question
    d'une excuse qui t'arrange. Réponds à mon appel au
    lieu de garder ta position de lâche."

"Contrairement à toi là je ne cherche pas la petite bête donc

168

répond et si tu ne le fais pas, ce sera une preuve flagrante."

"Écoute :P et arrête parce que ça va 5 minutes ton comportement vis-à-vis de moi, j'en ai plus que marre. Ce que tu dis n'était de toute façon pas cohérent, tu veux vraiment passer à côté d'un appel normal ?"

"Tu continues de demander à tes "pseudo" amis des conseils ? Tu me connais, je suis curieux…"

"Tu as 2 solutions : soit tu me bloques parce que tu n'aimes pas la vérité, mais quoiqu'il arrive je te retrouverai si je veux te faire le même mal que toi, soit partir chez tes grands-parents et même là je me souviens de ton adresse, c'est con… Donc soit tu me parles sans faire ta Suzanne, soit tu continues à me critiquer en disant que j'ai bu (et à vrai dire tant mieux, ça me laisse le champ libre), soit tu assumes et tu portes tes ovaires à deux mains, comme une femme et non comme une gamine. Alors ?"

"Alors, tu m'en veux ou t'es capable de discuter ?"

"Dans 2 minutes, cette discussion disparaitra, enfin j'espère donc que tu peux répondre ou tu préfères que je te ridiculise sur mon mur sur Facebook ?"

"Je serais toi je répondrais, ce n'est qu'une discussion normale ;)"

"Tu as foiré le rendez-vous, je peux comprendre, mais là…

- Ça ne sert à rien de discuter avec toi, tu ne comprends rien à ce que je te dis. Puis tu dis que je suis conne, tu me harcèles de messages, tu me fais des menaces et après tout ça tu crois vraiment que je vais avoir envie de te parler ? Réfléchie un peu dans ta petite tête, n'importe qui à ma place aurait réagi de la même façon. Prends du recul au lieu de te poser en tant que victime et d'essayer de faire culpabiliser les autres. Enfin, c'est peut-être trop te demander. Remets-toi en question mon pauvre.

- Je sais que t'es encore là, tu comptes fuir tout le temps ? On m'a dit que ce que tu faisais n'était pas bon pour le développement personnel... Nan, mais t'es sérieuse, dès qu'on n'entre pas dans ta catégorie tu supprimes... Je te harcèle ? Non, j'en ai juste marre que tu te fous de moi, c'est tout... Pfff t'es juste lâche c'est tout, car moi j'ai la voie normale, mais ça tu le saurais si tu ne m'avais pas fait de plan galère hein... Tu critiques les autres et moi, mais toi tu ne te remets jamais en question. Donc quelle menace ? Viens Léti on va discuter ou te ridiculiser va te retomber dessus... Pourquoi tu as peur de moi (Nicolas) ? Non personne n'aurait réagi pareil, car le substitut connait le respect et toi tu en manques, ce qui m'énerve ???? Ah ah tu veux vraiment jouer à ça, déjà avant de dire ça tu vas descendre et de 2 tu es trop bête. Réfléchis vraiment et je t'appelle juste pour ça, mais tu n'accepterais pas parce que tu es bête là sur le coup non ? Ahahah c'est facile d'écrire hein ? Mais quand quelqu'un est là c'est bizarre les lâches disparaissent."

"Au lieu de me dire de me remettre en question, réponds-moiiiii. Sinon ton histoire va être mise en avant devant tout le monde. :P."

" Je serai toi je répondrais, ta réputation ne tient qu'à un fil à ce qu'il parait :P moi désolée, mais je m'en fiche. Je te rappelle qu'en seulement un clic je peux balancer toutes tes photos et ta vie sera ruinée à jamais."

" O.K. donc tu veux faire ça O.K., mais faut assumer les publications derrière :P."

"Tu vas comprendre ce que ça veut dire de se moquer des gens. Tu as voulu jouer ta personnalité, tu seras déçu, tu peux me croire... Que vas-tu dire ?"

"Comment veux-tu faire miss fantôme Léti ?

-   Parce qu'être rancunier c'est intelligent peut-être ? Avec toi il n'y a que des rapports de force donc je n'ai pas envie de discuter avec des personnes comme toi, c'est tout. Si tu ne respectes pas mon choix, on ne peut pas dire que tu es respectueux. Alors, pourquoi faire le reproche alors que toi tu fais pareil ? Et encore moi je ne te manque pas de respect, je n'ai juste pas envie de te parler, il y a une grosse nuance, mais tu as l'air trop réduit d'esprit pour comprendre cela."

Quelques secondes plus tard, je décide par curiosité d'aller voir son mur Facebook, pour voir si ses menaces étaient réelles ou si c'était uniquement du bluff. Et à mon grand étonnement, voici ce qu'il était écrit...
Nico a posté il y a 16 minutes sur son mur :
"Léticia, tu veux vraiment que je te ridiculise sur YouTube, Instagram, Twitter, Snapchat, etc...? À toi de voir, tu as lancé la bataille et je sais que je gagnerai la guerre, à ton détriment..."
Nico avait lui-même répondu à sa propre publication :
"Tu vas comprendre ce que ça fait de se faire ruiner, sachant toutes tes vidéos YouTube et connaissant ta mentalité, tu me cherches et crois-moi que certains suivront."

1 minute plus tard, il répond de nouveau à son propre commentaire :
" Sois tu réponds à mon appel soit tu le regretteras. Se foutre de la gueule du monde ça va 5 minutes, mais tu le regretteras vraiment. Tu veux flinguer tes espoirs sur YouTube et autres ? Crois-moi, tu m'as traité comme ça bah tu vas mourir sur le net, ta pseudo-existence n'aura jamais été créée... Ce sera de ta faute."
"Soit tu es adulte et tu réponds au phone soit tout ton taf sur YouTube sera... mdrrrr (à force de prendre les gens pour des cons, on assume.)"
Il continua de répondre sous sa propre publication et sous ses propres commentaires :
"Sans compter tes photos en mode sans maquillage, non camouflées hein. Tout le monde verra qui tu es sous ton camouflage, j'ai déjà une vidéo en cours. Tu m'as cherché, tu vas pleurer, désolée, mais je t'avais prévenu dès le début et ce n'est que le début ça. Je t'avais dit que je te détruirais si tu me faisais un coup de pute, bah c'est le 1er round Léticia, sache-le."
"Tu m'as bloqué, mais ça me fait rire, dans 2 jours tu me supplieras, je commence l'action."
"Oui, désolée."

C'était trop. Je l'avais bloqué d'absolument partout sur les réseaux sociaux où il pouvait me suivre. J'avais plus de 16 appels manqués, je décidai également de le bloquer pour qu'il ne puisse plus me joindre. J'ai eu très peur cette nuit-là car je pensais qu'il était vraiment capable de venir jusque chez moi pour venir me tuer, moi et ma famille. Je sentais clairement que ma famille et moi étions en danger. Je ne sais pas jusqu'où il était capable d'aller... Après Michaël, j'appelais Timéo pour avoir son avis. Heureusement que mes amis étaient là pour me

rassurer ! Je racontais absolument tout à Timéo :
"C'est un grand malade ! Je suis choqué... Tu n'as pas un balai chez toi ma biche ? Ou une hache ?

- On n'a pas de hache ici mais des balais oui.
- Tu sais ce que tu fais ? Je te conseille de poser un balai à côté de la porte, comme ça si jamais il arrive dans la nuit tu pourras au moins te défendre, toi et tes grands-parents.
- Mon grand-père est plutôt bricoleur donc je peux voir ce qu'il a comme outil, ne sait-on jamais... La porte de la maison et celle de l'extérieur sont toutes les deux fermées de toute façon.
- Oui mais imagine s'il grimpe par-dessus la grille... ? Elle n'est pas très haute sur la grille de votre jardin et facile à escalader si je me souviens bien. Après il va essayer d'enfoncer la porte... On ne sait pas jusqu'où il pourrait aller ce fou vu toutes les menaces qu'il t'a faites.
- Tu as raison : il vaut mieux prévenir que guérir. Je vais préparer tout ce que je peux trouver et mettre ces outils à côté de la porte."

#39 Une obligation d'aller déposer plainte au commissariat de police.

Heureusement, cette nuit-là, il ne se passa rien. Nicolas n'avait rien envoyé de compromettant.

Le lendemain, je demandais à mon grand-père de me conduire au commissariat de police le plus proche. C'était un dimanche, mais heureusement, le commissariat était ouvert. C'était la première fois que je rentrais dedans, cela me faisait un drôle d'effet. On m'invita à patienter et j'attendais de nombreuses minutes interminables.

Un policier finit par venir me chercher et nous nous installâmes dans son bureau.

"Expliquez-moi ce qu'il vous arrive, mademoiselle."

Je lui expliquais en détail tout le harcèlement et les menaces qu'il m'avait infligés : la menace de balancer sur internet des photos compromettantes, les violences par écrit, les menaces de mort… Le policier tapait en même temps sur son clavier tout ce que je lui racontais. J'avais apporté comme preuve toutes les conversations imprimées dont j'avais fait des captures d'écran. Le policier les regarda attentivement. Il ne semblait pas être surpris, mais, de mon côté, j'avais extrêmement peur de ce qu'il pouvait se passer.

"C'est une dispute typique de couple qui se sépare… Tant qu'il n'y a rien eu de concret : qu'il ne vous ait pas tapé, qu'il n'ait pas envoyé réellement les photos sur internet ou qu'il n'a pas faites de mal à votre famille, on ne peut rien faire. À ce stade-là, vous ne pouvez pas faire de dépôt de plainte, mais uniquement déposer une main courante."

J'étais énervée d'entendre ça. Il faut donc attendre qu'on se fasse tuer pour pouvoir déposer une plainte ? Je trouvais ça inadmissible.

Malgré tout, je fis ce qu'il me conseilla de faire, surtout si j'étais à un stade où je ne pouvais pas faire de dépôt de plainte.

"Vous souhaitez donc déposer une main courante au nom de Nicolas Montero ?

-   Évidemment, oui.
-   Au cas où la situation s'aggrave, -ce que je n'espère pas pour vous bien sûr-, la procédure avec le juge ira beaucoup plus vite si vous avez déjà déposé une main courante à son nom."

C'était rassurant d'entendre ça même si j'espérais qu'il ne passe pas à l'action à l'époque (en 2016) et même encore maintenant (en 2022).

"Les menaces sont simplement là pour vous faire réagir, vous provoquer et vous faire peur. S'il avait vraiment eu l'intention de faire quelque chose, croyez-moi qu'il serait passé à l'action beaucoup plus tôt.

-   Rien ne l'empêche de le faire plus tard.
-   C'est sûr, mais plus le temps passe et plus les chances sont minimes."

#40 Les leçons à tirer de cette expérience.

Dans cette histoire, ce qui aurait dû me mettre la puce à l'oreille : ce sont les très mauvaises fréquentations que Nico pouvait avoir et son comportement inhumain vis-à-vis de son chat.

On dit que nous sommes la moyenne des 5 personnes que nous voyons le plus et cette histoire m'a fait prendre conscience à quel point cette citation est bien réelle. Il faut ainsi pouvoir analyser l'environnement de la personne avec qui nous sommes en couple, mais surtout avec qui nous avons l'intention de nous mettre en couple. Même la personne la moins influençable du monde s'est déjà laissé entrainer au moins une fois dans sa vie dans des situations mauvaises pour lui. Nous sommes des êtres humains et nous avons tous besoin de nous sentir appartenir à un groupe (c'est le 3e échelon dans la pyramide de Maslow.) Nous avons besoin de ne pas nous sentir différents des autres pour nous faire apprécier. Nous sommes prêts à adopter les habitudes de ces personnes que nous fréquentons pour nous sentir intégrés, bien que ce soit quelque chose que l'on ne fasse jamais de notre propre gré. Il n'y a pas de fumée sans feu alors sache une chose très importante : fais toujours confiance à ta première intuition.

De plus, il n'y a pas de respect dans une relation toxique. Cela est un signe extrêmement fort qui t'informe qu'il est temps de prendre tes jambes à ton coup. Quand on rabaisse et critique sans cesse négativement quelqu'un, c'est qu'on n'essaye pas de prendre conscience des véritables besoins de la personne. Ne pas écouter les besoins, essayer de les comprendre et de prendre en considération les choix de la personne n'est pas un signe de respect ni d'amour d'ailleurs. On idéalise cet homme ou cette femme et on est tombé plutôt amoureux de la projection que l'on a de cette personne plutôt que de comment est véritablement la personne.

C'est ainsi que le manque de respect s'amène : on réalise que la personne n'est pas comme on voudrait qu'elle soit, qu'elle ne réagisse pas comme on souhaiterait qu'elle agisse et notre comportement devient toxique à partir du moment où on fait prendre conscience à cette personne que c'est de sa faute si elle réagit de cette manière. C'est une façon de la faire culpabiliser. Quand nous sentons que quelqu'un nous fait culpabiliser, il faut bien se rendre à l'évidence qu'il s'agit d'un comportement toxique. Cette personne ne peut pas nous contrôler et nous ne pouvons pas contrôler les autres. À partir du moment où une personne fait un certain choix, c'est parce qu'elle avait ses propres raisons derrière. Il faut ainsi pouvoir les respecter. En général, les personnes ne respectent pas ces choix, car ils sont dans l'incompréhension totale. Ils restent bornés à ce qu'ils souhaitent qu'il se passe au lieu de chercher à écouter attentivement ce que la personne a à dire. Si la personne ne souhaite pas du tout s'exprimer, c'est encore une autre histoire (voir chapitre sur le ghosting).

On pourrait dire qu'il s'agit d'un instinct purement égoïste de vouloir et d'avoir absolument besoin de réponses. Les hommes et les femmes, tous sans aucune exception, sont égoïstes. Je suis égoïste et tu es toi-même égoïste. Étant prisonniers de nos propres perceptions de la vie, nous agissons comme ce qui nous semble le mieux pour nous à l'instant présent. Il faut pourtant savoir prendre du recul par rapport à nos propres décisions et par rapport à ce que nous proposent les autres.

Un comportement devient toxique quand nous ne remettons jamais en question nos propres dires et nos propres actions. Nico ne réalisait pas le mal qu'il procurait avec toutes ses paroles, cette violence et ces messages par écrit qu'il sortait. Pas un seul instant il ne s'est douté qu'il allait trop loin. (Comme l'expliquait Michaël, l'effet de l'alcool n'arrangeait rien en plus de cela.) Le fait que la personne ne se remette pas en question sur ses propres comportements devrait signaler que quelque chose ne va pas chez cette personne.

Tu ne mérites pas de subir des propos et des actes aussi ignobles.

Ce que je peux remarquer chez les personnes qui ont des comportements toxiques, c'est qu'elles ont une maturité inférieure à la moyenne. Elles n'assument aucunement leur propre responsabilité, pensant que c'est la faute de Pierre Paul Jacques si le monde est contre eux, alors que les conséquences négatives qu'elles peuvent vivre proviennent de leurs comportements néfastes envers les autres. Nico se complaisait dans sa propre situation financière, sans chercher à s'en extraire et à essayer de trouver des solutions.

Les dépendants affectifs sont souvent attirés par des personnes aux comportements toxiques. Ils feraient n'importe quoi pour qu'on les aime. Ils ont un vide affectif tellement ancré en eux qu'ils pourraient sortir avec la moindre personne qui leur accorde un minimum d'affection et qui leur plaisent juste au strict minimum.

Au fur et à mesure du temps, c'est horrible à dire, mais si je devais être totalement honnête…. Je me suis rendu compte que je n'étais pas avec Nico par amour, mais parce qu'il m'offrait ce qu'il m'a toujours manqué terriblement : l'amour. On ne se rend pas compte sur le moment, mais en prenant du recul après des années, -et surtout quand on tombe vraiment amoureux-, on réalise que l'on est sorti avec certaines personnes parce que nous étions en carence affective plus que par amour. Nous étions là pour prendre ce que la personne pouvait nous donner et non pas pour la personne en elle-même.

Aussi étrange que cela puisse paraitre, le dépendant affectif est souvent attiré par un autre dépendant affectif. Celle qui aura le comportement le plus toxique ne voudra pas que l'autre personne s'en aille : elle veut prendre sa liberté et l'avoir juste pour elle. Elle devient possessive car elle ne veut pas se sentir abandonnée. (Attention : je ne minimise pas le fait que c'est extrêmement douloureux de vivre une rupture et qu'il est normal, -au début-, d'avoir du mal à accepter la décision de l'autre. Ce qui n'est pas normal, c'est le fait de l'interdire de prendre cette décision de rompre). Je pense que Nico devait remarquer que je m'éloignais au fur et à mesure que je découvrais réellement qui il était. Cela lui a fait extrêmement peur et a fait rejaillir en lui sa blessure de trahison et sa blessure d'abandon qui était cachée derrière. Le dépendant affectif a une énorme blessure d'abandon qu'il n'a pas réussi encore à réparer. Son manque d'estime de soi est au plus bas. Il a besoin de l'approbation des autres pour avancer. Sans les autres, il se sent comme un moins que rien. Le dépendant affectif doit apprendre à travailler sur lui et à être heureux seul avec sa propre compagnie, avant d'envisager de se mettre en couple. On ne trouve pas le bonheur à travers l'autre. Autrui est seulement un bonus couplé au bonheur que l'on a réussi à se créer à partir de notre propre univers.

Chapitre 4 : une amitié malsaine et possessive.

#41 Une reconstruction nécessaire.

Concernant l'amitié, il est plus délicat de repérer si une relation est toxique ou non comparée à une relation amoureuse étant donné que la relation est moins intime. Entre un ami ou une amie qui est trop envahissant et un ami ou une amie qui ne nous parle plus du tout alors que nous étions très proches, nous ne savons plus si la relation devient toxique ou non, à partir de quand les limites sont dépassées. Pourtant, certains signes ne trompent pas. C'est ce que nous allons voir dans ce chapitre.

Après cette rupture avec Nico, au début de l'année 2016, j'essayais de me reconstruire comme je pouvais. J'étais en même temps complètement perdue. Cette rupture m'avait amené à l'auto-sabotage : j'avais décidé d'arrêter mes études de cinéma pour bifurquer dans une double licence de philosophie et de lettres. Je l'abandonne au bout de seulement 2 mois... pour suivre un BTS de communication à distance. En vérité, je ne savais pas ce que je voulais réellement. En parallèle, j'ai rencontré quelqu'un grâce à mon ami Michaël. Je pensais enfin avoir rencontré le bon… Nous nous entendions très bien d'un point de vue intellectuel et nous étions sur la même longueur d'onde. En plus, c'était quelqu'un de très créatif, comme moi. Nous avions beaucoup de points communs. Ce n'était pas une relation toxique ou un pervers narcissique comme j'ai pu en vivre avant, mais malheureusement, pour plusieurs raisons personnelles, j'ai dû mettre un terme à cette relation… Il n'y a pas besoin d'être dans une relation avec un pervers narcissique ou d'être dans une relation amoureuse toxique pour rompre.

Après toutes ces ruptures et le fait que je me sentais complètement perdue par rapport à mes études et mon avenir professionnel… je ne faisais que de me remettre en question. J'étais persuadée que le problème venait de moi. Je suis trop exigeante ou alors je ne tombe que sur des hommes qui ne sont pas à la hauteur, je ne sais pas… J'ai donc dépensé énormément de temps, d'énergie et d'argent dans des séances chez des psychologues pour finalement me rendre compte… qu'il n'y a qu'en me retrouvant seule avec moi-même que j'allais pouvoir me reconstruire.

En 2018, à 21 ans, je décide de chercher un appartement dans Paris. J'étais fascinée par cette ville depuis que j'étais tombée follement amoureuse d'un garçon qui habitait dans la capitale. Mais bref, ça... c'est encore une autre histoire ! J'ai trouvé un appartement de 15m2 extrêmement bien situé au centre de Paris, et pour le moment, je m'y sens bien.

À cette époque, je souhaitais aussi et surtout habiter Paris pour mes études. Après avoir fait un long travail d'introspection sur moi et à force de créer des vidéos pour YouTube, je me suis rendu compte que le métier de monteur vidéo pourrait bien me plaire.

Ayant beaucoup touché au métier de Deejay également pendant mon adolescence, je trouvais que c'était le parfait compromis pour allier ma passion de la musique et celle du cinéma. Après de nombreuses recherches sur internet, je suis tombée sur une école d'art design dans Paris. Je décidais de m'inscrire à un rendez-vous d'admission. J'envoyais les vidéos que j'avais montées pour ma chaine YouTube à la responsable chargée du recrutement et contre toute attente… Je fus prise !

Entre la fin de l'année 2018 et le début de l'année 2019, ce fut un grand tournant pour moi : je rentrais dans une nouvelle école de montage vidéo dans laquelle je m'épanouissais, je venais d'avoir mon 1er appartement et je vivais seule… Je ne sortais avec personne et je ne cherchais pas à me mettre en couple. J'ai compris à ce moment-là qu'il vaut mieux d'abord se construire seul, être bien et heureux avec soi-même avant d'envisager de tomber amoureux. Et être seul, cela me faisait le plus grand bien ! Je n'avais personne pour me dire quoi faire, pour m'embêter quand je rentrais tard, personne avec qui me disputer, bref… Je me sentais libre pour la première fois de ma vie. C'est à ce moment-là que j'ai compris à quel point cette valeur était aussi importante à mes yeux. J'avais enfin trouvé ma voie professionnelle alors que j'étais perdue pendant plusieurs années après le BAC. C'est important de comprendre par soi-même qui nous sommes, au lieu de chercher à ce que quelqu'un d'autre nous le dise à notre place. C'est le problème que j'avais eu avec Nathanaël. Il ne faut pas chercher les solutions à l'extérieur de nous sinon, on ne se sentira jamais heureux. Les réponses sont toujours à l'intérieur de nous.

À la rentrée scolaire de l'année 2019, j'ai été embauché dans mon tout 1er job "sérieux" dans une agence de voyages ! J'étais heureuse et épanouie. À ce moment-là, je me suis fait quelques amis dans ma classe avec qui nous avions une très belle complicité. On se comprenait aussi mutuellement. J'étais également dans une classe où il y avait une très chouette ambiance et beaucoup de bienveillance. (Chose que j'avais rarement ressentie dans mes classes précédentes.) Nos professeurs étaient aussi très à l'écoute et nous soutenaient beaucoup. Ce soutien était sans faille et n'était pas présent par intérêt, ce que j'appréciais. Quand quelqu'un était coincé sur son logiciel de montage ou n'arrivait pas à utiliser le matériel vidéo, il y avait toujours quelqu'un pour l'aider et lui expliquer les choses en profondeur pour bien qu'il comprenne ses erreurs. Il y avait une vraie ambiance familiale. Lors de cette 2e année d'étude en montage vidéo, à cette rentrée scolaire de 2019, une nouvelle élève est arrivée dans notre classe. Nous allons l'appeler Manon.

#42 Une rencontre palpitante.

Manon était à l'écoute, prête à donner des conseils. Je la trouvais authentique et honnête avec les autres. Ce sont des qualités que j'appréciais énormément chez elle, car je pense qu'il est important d'exprimer aux autres nos propres besoins ou notre propre avis quand quelque chose nous dérange. Elle pouvait être dure avec certaines personnes, mais ce sont les piques qu'elle envoyait qui rendaient la situation drôle. En plus de cela, on discutait de beaucoup de sujets éclectiques différents (actualité, amour, amitié, l'école surtout, les études, les problèmes féminins, etc.) Je la trouvais intéressante. Nous nous sommes beaucoup rapprochées quand elle me racontait les problèmes qu'elle avait entre son père et sa belle-mère. Elle avait un rapport très compliqué avec sa belle-mère, qui avait elle-même des comportements très toxiques avec Manon. En analysant sa situation, j'ai même pensé que sa belle-mère était une perverse narcissique. Elle la faisait beaucoup culpabiliser et ne se remettait jamais en question.

Avant d'emménager en banlieue parisienne, Manon se sentait tellement mal qu'elle avait essayé de se suicider plusieurs fois... Elle m'avait raconté en détail comment, un jour, elle avait prévu de se laisser partir en conduisant vers un arbre, sans s'arrêter... Elle avait des idées très noires et c'est d'ailleurs ce qui nous avait aussi rapprochés, car je la comprenais beaucoup pour ça (ayant eu moi-même des idées suicidaires à de nombreuses reprises). On se parlait comme si on se connaissait depuis toujours, bien que notre amitié avait commencé depuis quelques jours seulement.

.Ce que je ne réalisais pas bien à ce moment-là, c'est que ma relation amicale avec Manon allait beaucoup trop vite. On se connaissait depuis même pas 2 semaines qu'elle se confiait déjà énormément à moi. C'est ce qui nous a rapproché aussi bien vite. Comme je l'appréciais déjà beaucoup, je décidai de l'inviter à mon anniversaire (qui était organisé au milieu du mois d'octobre, seulement 3 semaines après notre 1re rencontre.)

#43 Quand la relation va trop vite et prend déjà trop de place.

Un soir, après les cours, elle m'appelle pour m'informer de quelque chose d'important :

"(...) Comme tu le sais, je n'habite pas du tout à côté de Paris, mais ça me ferait plaisir de pouvoir venir à ton anniversaire. Je sais que tu as ton appart' pas très loin du restaurant où on va aller en plus, tu penses que ce serait possible de me loger juste ce soir-là ? Ça m'arrangerait beaucoup.

- C'est embêtant pour moi parce que j'ai déjà invité ma meilleure amie ce soir-là, car elle n'habite pas à côté non plus.
- Je comprends, mais elle habite où ton amie ?
- Dans le Val-de-Marne.
- J'habite bien plus loin qu'elle ! Elle ne peut pas se débrouiller pour rentrer en voiture ? Il me semblait que tu m'avais dit qu'elle venait par ce biais. De mon côté, je n'ai plus la voiture pour le moment comme tu le sais et il n'y a plus de train pour rentrer chez moi à partir de 23h… Je n'y suis pour rien. Je t'assure que ça m'énerve, mais je n'ai pas d'autre choix que d'être logé chez quelqu'un et je ne connais que toi qui habites dans Paris.
- Cela fait un moment que j'avais prévu de loger ma meilleure amie chez moi. Cela ne se fait pas de lui dire non à la dernière minute… Mais je vais voir avec ma

187

meilleure amie ce que je peux faire. "

Manon s'imposait déjà durant les cours et avec mes amis ; elle commençait à s'immiscer et à prendre beaucoup de place dans mon cercle privé. Cet évènement m'a tellement agacé que, depuis, j'ai trouvé des techniques pour apprendre à dire non. En prenant du recul, j'ai réalisé que, même si cela me faisait plaisir à ce moment qu'elle vienne chez moi, j'estime que c'était plutôt ma meilleure amie que je devais accueillir, sachant que je ne connaissais Manon que depuis quelque temps et que c'était prévu depuis longtemps que ma meilleure amie vienne dormir chez moi. Pour être honnête avec moi-même, je préférais même que ce soit ma meilleure amie qui soit à sa place. Je ne pouvais pas faire plaisir et aider tout le monde.

#44 Comment dire non à quelqu'un :

Quand tu n'arrives pas à dire non à quelqu'un (cela marche bien quand tu es au téléphone avec quelqu'un justement, quand tu as une personne qui est au bout du fil pour te vendre quelque chose par exemple... mais cela s'applique aussi bien sûr à toutes les situations), tu peux dire à la personne :

1) **"Je vais y réfléchir et je reviendrai vers *toi/vous* pour *te/vous* donner une réponse."**

Cela te laisse le temps d'analyser la situation avant de t'engager dans une situation qui va te gêner et que tu vas regretter par la suite.

On croit souvent qu'il faut éviter de dire non par peur de blesser l'autre. En refusant de dire non, ce n'est pas l'autre que tu vas blesser, mais plutôt toi en t'interdisant de faire ou de vivre des choses que tu aurais pu faire à la place. Dis-toi qu'un non pour quelqu'un d'autre amène à un oui pour toi. Ce n'est pas égoïste de faire passer ses propres besoins avant ceux des autres.

Il est normal de s'occuper de soi et de ses priorités avant tout. Si l'autre se sent blessé par ton « non », il s'agit d'une interprétation de sa part qui met en avant ses blessures de rejet et d'abandon. Ces blessures en lui n'ont pas encore été résolues totalement et tu n'es aucunement responsable de cela. N'oublie pas aussi que le non amène également la personne en face à un oui, car elle va pouvoir se concentrer sur autre chose ou sur quelqu'un d'autre qui sera mieux adapté à la situation.

2) "Je comprends la situation, ce n'est pas évident pour *vous/toi*. Cependant, je ne vais pas pouvoir *vous/t'*aider pour cette fois-ci. *Vous/tu* ferais mieux de..."
Une autre façon d'exprimer un refus est de se mettre à la place de son interlocuteur dans un premier temps. Il faut ensuite exprimer ses limites en expliquant qu'il n'est pas possible pour nous d'intervenir dans telle ou telle situation. Pour finir, il faut trouver une alternative vers laquelle notre interlocuteur pourrait se diriger.

#45 Et si c'était moi la personne toxique ?

Par la suite, avec Manon, nous faisions souvent des sorties ensemble. Je lui parle de mes parents et j'ai l'impression que c'est un peu la seule à me comprendre par rapport à ma situation particulière… Un triangle amoureux avec un garçon de notre école se met en place et les choses commencent à se compliquer. On a l'impression (mutuellement) d'être un frein à l'autre.

J'ai réalisé qu'on n'attire pas les personnes aux comportements toxiques par hasard : on a également des comportements toxiques de notre côté. Je ne me fermais pas à l'idée que le fait de parler de mort avec elle me réconfortait par moment. Cela me faisait du bien de pouvoir discuter de sujets avec quelqu'un qui pouvait enfin me comprendre.

Je lui expose ma théorie sur la mort puis lui dit :
"J'ai envie de croire qu'il existe quelque chose après que tu vois. Sinon, tout ça n'aurait aucun sens…
- Le sens, c'est maintenant qu'on doit se le créer et pas après.
- On passe notre vie à souffrir alors pourquoi ne pourrions-nous pas trouver la paix une fois passée de l'autre côté ?
- Je pense qu'on a des leçons de vie à apprendre ici à travers les expériences…"

En même temps, je lui apporte des conseils pour qu'elle puisse mieux gérer la relation qu'elle entretenait avec sa belle-mère perverse narcissique. Je souhaitais l'aider et "la sauver" comme je pouvais. (Rappelle-toi le triangle de Karpman). Je continuais à ce moment-là à suivre une thérapie avec une psychologue qui me suivait depuis déjà 2 ans. Comme je n'arrêtais pas de me remettre en question, je cherchais à ce moment-là ce qui n'allait pas chez moi, puisque je commençais à me sentir mal au sein de ma classe. Le souci étant que j'ai fini par comprendre qu'il y avait des comportements cumulés chez Manon qui étaient dignes de comportements toxiques.

#46 Des comportements dérangeants.

Durant les cours, Manon s'asseyait toujours entre moi et mon autre ami de classe avec qui j'étais très proche (nous allons l'appeler Chris.) Bien que je veuille me mettre à côté de Chris, elle trouvait toujours un prétexte pour s'assoir entre nous deux. Au début, cela ne me choquait pas mais je voyais bien qu'elle voulait absolument prendre beaucoup de place. J'ai commencé à en parler à mon ami Chris et il m'a confirmé ce que je pensais et que cela le gênait aussi. Je n'étais donc pas si folle que cela. Comme je le dis souvent (et cela marche pour tout) : les petits détails cachent les grandes vérités…
Elle souhaitait sans cesse m'isoler également, bien que je lui faisais comprendre que je souhaitais aussi passer du temps avec mes camarades de classe. Il n'y a que ses problèmes qui comptaient. En prenant du recul, je réalise qu'elle pensait me posséder et que j'étais comme « son objet. »
Bien sûr, ce n'était pas les seuls éléments étranges et surtout, les éléments les plus graves.

Lors des tournages organisés avec les élèves de ma classe, elle créait des histoires avec eux (alors qu'avant tout se passait bien et qu'il n'y avait jamais eu de conflit en 1 an de cours) parce que les choses ne se passaient pas comme elle le souhaitait. (La personne aux comportements toxiques a besoin d'avoir énormément de contrôle. Si elle le perd, elle perd tous ses moyens.) Cela commençait sincèrement à m'agacer et je n'étais pas la seule personne qui remarquait qu'elle était devenue "l'élément perturbateur" de la classe.

Un jour, un professeur lui avait fait la remarque qu'elle mangeait pendant le cours (cela ne le dérangeait pas en soi), mais nous étions en plein contexte du covid (c'était en 2021) et il ne souhaitait pas qu'elle soit assise à côté de lui par peur de s'attraper le virus. Il l'a gentiment invitée à s'assoir au fond de la classe en attendant qu'elle finisse. Manon n'a rien voulu entendre et est sortie de la salle, extrêmement furax, en claquant la porte. Nous nous sommes tous regardés d'un air étonné.

"Ce n'est pas méchant ce que je lui ai dit pourtant ? s'interrogeait le prof.

-    Ne vous inquiétez pas, elle est plutôt de nature très… disons… irascible." informait une camarade de classe.

Comme je l'avais expliqué en 2e partie de ce livre, les pervers narcissiques et les personnes aux comportements toxiques ont une très grande carence affective et une très faible estime d'eux-mêmes, ce qui les conduit à se comporter de façon immature car ils recherchent, à travers leurs comportements, une façon de se faire remarquer. Comme le petit enfant qui va bouder pour qu'on vienne le chercher et qu'on lui dise à quel point on l'aime, les pervers narcissiques et les personnes aux comportements toxiques ont une grande immaturité émotionnelle parce qu'ils ont besoin d'attention et d'amour pour combler leur vide intérieur.

Là où ses comportements ont commencé à être un problème important pour moi, c'est lors du confinement en 2020, quand Manon perd sa grand-mère. Je comprends qu'elle vivait une situation extrêmement douloureuse et qu'elle avait besoin d'énormément de temps pour faire son deuil. Elle se mettait à parler souvent de mort lors de nos entretiens en visioconférence avec nos professeurs. Elle préparait un projet de montage vidéo qui tournait autour de sa grand-mère et elle s'étalait beaucoup sur le sujet, beaucoup trop dans les détails même... Un jour, je l'écoutais parler devant mon ordinateur, mais cela faisait déjà de nombreuses minutes qu'elle discutait avec notre prof principale. L'angoisse commença à monter, j'avais la gorge qui était en train de se nouer. Je sentais que les larmes coulaient, mais je me disais :
"Non arrête, ce n'est pas le bon moment... Tu es en plein cours là ! Retiens-toi bon sang !"

Quand tu vis des émotions, il est important de ne pas les réprimer. Je ne réalisais pas encore cela à l'époque, mais c'est très mauvais pour toi, car cela va décupler la souffrance qui est restée bloquée à l'intérieur de toi. Il faut absolument l'extérioriser. Si tu as besoin de pleurer, il faut pleurer.

J'ai donc craqué : j'ai coupé ma caméra, mon micro et je me suis réfugiée dans ma salle de bain. J'ai dû respirer longuement et patienter pour calmer ma crise d'angoisse. Il fallait que mes larmes sortent et que je réussisse à respirer.

#47 Comment gérer une crise d'angoisse ?

- Il faut d'abord t'isoler. Pour avoir vécu de nombreuses crises d'angoisse, je sais à quel point il est important de s'écarter du groupe pour pouvoir se calmer et pouvoir déverser ce trop-plein émotionnel. (Surtout qu'on n'a pas non plus envie que les personnes autour de nous le remarquent.)
- Ensuite, il faut contrôler ta respiration. Prends ton temps pour respirer. C'est très important que tu inspires et expires également par la bouche. Quand on fait une crise d'angoisse, on a besoin d'inspirer et d'expirer énormément d'air pour se sentir mieux.
- Il est très difficile de parler quand on vit une crise d'angoisse. Néanmoins, quand tu te sentiras prêt(e), n'hésite pas à expliquer à un proche ce que tu viens de vivre. Tu as besoin d'exprimer la douleur intense qu'on vient de t'infliger. Quand on fait une crise d'angoisse, on

a énormément besoin de se sentir rassuré et entouré. Si tu n'as personne avec toi à ce moment-là, tu peux écrire un SMS à un ami ou à un proche, cela t'évitera en plus de parler.

- Concentre-toi sur le moment présent. Attrape tout ce que tu peux autour de toi qui te permet de te rassurer. Il est très important de se concentrer sur ses sens quand on fait une crise d'angoisse. Je t'invite à nommer tous les objets que tu vois autour de toi de couleur bleue par exemple. Comment sont ces objets ? Grand ? Petit ? De quelle texture sont-ils ? Peux-tu les toucher ? Quelle odeur ont-ils ?

- Prends le temps qu'il te faut pour te sentir mieux. Quand on vit une crise d'angoisse, on a entendu des paroles qui nous ont attaqués tels des coups de couteau. On a l'impression qu'on est sur le point de mourir. Si cela doit prendre 15 minutes pour te sentir mieux et apaisé, cela doit prendre 15 minutes. Si cela doit te prendre 1 heure ou 2, cela doit prendre 1 heure ou 2. Il est normal de prendre son temps quand on vit une crise d'angoisse.

#48 Une psychologue qui m'ouvre les yeux.

J'ai commencé à davantage ouvrir les yeux sur cette amitié lors de mes échanges avec ma psychologue. Cette relation était plus un fardeau pour moi que cela ne m'apportait de bien. Je sentais même au fond de moi que ce n'était pas quelqu'un de bien. Je lui expliquais tout en détail.

Ma psychologue m'a clairement dit (sachant qu'elle doit se montrer la plus objective possible) :
" C'est une relation extrêmement néfaste pour vous. D'après mon analyse, c'est une personne qui ne vous apporte rien, à

part vous faire du mal. Elle repose sur du vide. Elle vous prend votre énergie. Elle a énormément de problèmes psychologiques qu'elle n'a pas encore résolus, mais ce n'est pas votre rôle de faire ça. C'est déjà assez difficile pour vous de vous occuper de vos problèmes. La seule solution est que vous devez vous en éloigner à tout prix pour votre bien-être."

#49 Quand les réseaux sociaux ressortent ce qu'il y a de pire en quelqu'un.

J'aimerais maintenant te partager le soir où j'ai décidé de rompre définitivement cette amitié, car la goutte avait clairement fait déborder le vase. Nous étions en novembre 2021.

Sur ma page Instagram de développement personnel (@leticiaorxan), j'avais posté une citation qui était la suivante :

On ne se rend pas compte de la valeur
d'une personne ou d'un objet
à nos yeux jusqu'au moment où
on la/le perd.

Léticia Orxan

J'avais écrit en description :
Désolée d'être un peu direct aujourd'hui, mais... vas-tu attendre de perdre tes proches pour leur dire combien tu les aimes ?

L'amour ne se traduit pas uniquement par des mots, mais également par des actes : des services rendus, un cadeau, une écoute attentive, une présence, etc.. Comme on le dit souvent : ce sont les petits gestes simples qui prouvent à la personne l'intérêt que l'on porte pour elle.

Et toi ? Que fais-tu ou que dis-tu à tes proches pour leur montrer à quel point tu les apprécies ?

Voici ce que Manon m'avait laissé comme commentaire :

"Désolée d'être crue à mon tour, mais "tes phrases" sont beaucoup pompées sur celles qui existent déjà. Donc les signer par ton nom… C'est abusé."

197

Voici ce que je lui ai répondu :
- Alors de 1) si tu faisais attention à ce que je poste sur ma page, je cite systématiquement quand la citation vient de quelqu'un d'autre. De 2) cette phrase est sortie de mon cœur et de ma tête quand j'ai failli perdre certains proches donc non je ne l'ai pas pompée de nulle part ;-). De 3) si tu estimes avoir raison dans ce cas : pourquoi suivre ce compte ? ;-) Si c'est mieux ailleurs pour toi tant mieux, je suis très heureuse pour toi !
- Hahaha "sortit de ton cœur" ! Ça faisait des années que j'entendais cette phrase donc tu n'as rien inventé du tout ! Moi je dis ça pour toi. Si tu n'aimes pas la critique constructive comme pour tes vidéos alors, arrête de demander aux gens ce qu'ils en pensent. Enfin bref, au moins on a une preuve que tu es en vie, vu que tu ne réponds pas à nos messages ou que très rarement. ;-) Bonne chance avec tes vidéos dont le son est éclaté, ce qui rend tes vidéos indigestes à regarder."

Je ne comprenais pas sur le moment ce que j'avais fait pour qu'elle crache autant de haine. Heureusement que mes amis ont réagi à mes stories, complètement choquées. Tu te doutes bien que je n'ai plus cherché à répondre à ses commentaires condescendants. Il n'y a absolument rien de constructif dans ce message. Je la trouvais irrespectueuse, antipathique et dépourvue de bonté.
Lis la différence entre :
" Ton son est pourri, à cause de ça je ne peux même pas regarder tes vidéos, tu es grave nul !"
Et ça :
" Cela fait un moment que j'ai remarqué en regardant tes vidéos que le son grésille et est moins bon que d'habitude. Je pense

que tu devrais investir dans un blues yéti en micro pour que la vidéo soit plus facile à regarder, car le son est encore plus important que l'image. "

Vois-tu la différence ?

Un message constructif apporte des arguments dans le but d'être bienveillant envers la personne. Le but d'un message constructif est d'aider la personne à évoluer.

Une personne qui écrit un message non constructif et agressif (on le ressent particulièrement sur les réseaux sociaux) cherche juste à être méchante gratuitement. Elle cherche à faire du mal à l'autre, car elle a elle-même été blessée à l'intérieur d'elle par rapport à ce qu'elle a lu ou regardé.

À titre d'exemple, j'ai discuté avec une fille, que je suis notamment sur les réseaux sociaux, qui s'était pris un : "va te suicider" en commentaire. La personne lui a ensuite envoyé en message privé des propos et insultes horribles à écouter. Je l'ai aidée au maximum pour qu'elle surpasse ces messages, bien qu'elle sût prendre du recul par rapport à la situation.

Les gens ne se rendent pas compte du poids des mots. Les mots sont comme des coups de poignard. Il y en a qui finissent par avoir une très faible estime d'eux-mêmes à cause de gens comme ces êtres antipathiques. Il y en a même qui se suicident… Le harcèlement sur les réseaux sociaux (ou même en dehors) n'est pas à prendre à la légère.

Si tu es victime ou témoin de harcèlement d'ailleurs, je t'invite à contacter ce numéro :

3020

Si tu es victime ou témoin de cyberharcèlement, voici l'autre numéro à contacter :

0 800 200 000

Ces numéros sont gratuits et sont disponibles 7j/7 et 24h/24.

Si tu as des idées suicidaires, je préfère également te faire parvenir le numéro national de prévention :

3114

Tu pourras t'adresser à un professionnel de santé, à un psychologue ou à un infirmier. Ils sont là pour t'écouter et t'aider au mieux dans les problèmes que tu traverses. S'il te plait, ne prouve pas aux autres qu'ils ont raison. Je suis passée également par ses envies suicidaires à de nombreuses reprises. Tu as beaucoup plus de ressources en toi que ce que tu crois. Si tu as besoin de te confier à quelqu'un autrement que par ce numéro, je t'invite à me contacter via mon adresse e-mail : **leticiaofficiel@gmail.com**

Pour revenir à Manon, la demoiselle en question n'avait pas dit son dernier mot, car, malgré que je coupe court à la conversation en commentaires, elle décide de venir m'attaquer en message privé (sur Messenger) sur une note extrêmement agressive, couplée à des affabulations. C'est là où ses propos allaient trop loin à mon gout. J'ai décidé de crever l'abcès et l'ai ensuite invité à revoir ses comportements et à aller voir une psychologue.

Je passais ma soirée à Disneyland Paris avec mon petit ami Julien à ce moment-là. Autant te dire qu'il y avait un contraste fort entre ce que je pouvais recevoir comme messages agressifs et le moment que je passais à Disney qui était censée être magique.

Heureusement, je l'ai bloquée sur tous les réseaux sociaux où on se suit mutuellement. J'ai pu, grâce à cette expérience, en tirer plusieurs leçons ! Nous les verrons à la fin du dernier chapitre de ce livre, car c'est aussi grâce à l'épisode de mon ghosting que j'ai compris énormément de choses sur l'amitié.

Quand j'y repense, après tout, c'est bien Manon un jour qui était venue me voir suite à l'une de mes vidéos sur YouTube où je parlais des signes qu'une personne est perverse narcissique et qu'elle m'avait demandé : "j'ai regardé ta vidéo et ça m'a fait peur, car il y a beaucoup de signes qui se rapprochent de moi… On m'a déjà dit que j'étais une perverse narcissique. Tu penses que c'est le cas ?" Toujours est-il que je ne m'étais pas encore aperçu de ses comportements toxiques à ce moment-là. Il est plus facile de repérer un(ou une) pervers(e) narcissique dans une relation intime. Celui-ci(ou celle-ci) peut avoir uniquement des comportements toxiques avec les autres. Tout dépend donc du lien qu'on a avec la personne. Cette question qu'elle m'avait posée à l'époque aurait dû résonner en moi car comme je te l'ai dit au début de ce chapitre : les petits détails cachent les grandes vérités…

#50 À retenir de ce chapitre :

- Méfie-toi d'une relation amicale (ou même amoureuse) qui va beaucoup trop vite.
- La relation devient toxique quand la personne en face de toi ou quand toi-même tu ne respectes pas les limites de l'autre.
- Concentre-toi sur les personnes qui t'aiment et te prennent vraiment en considération au lieu de concentrer ton énergie et ton attention sur des personnes qui ne méritent même pas 1 seconde de ton temps.
- Une personne malsaine arrive à mettre en avant ce qu'il y a de pire en toi. Elle est agressive et te connait assez pour appuyer là où ça fait mal. La personne malsaine est sadique, elle prend du plaisir à travers la souffrance d'autrui. Elle confond l'honnêteté et la méchanceté. Être

honnête signifie exprimer la vérité aux autres, que cela leur plaise ou non. Être méchant ou méchante signifie être désagréable, malveillant, antipathique, voire cruel. Alors, comment être honnête sans être méchant, voire même malsain, auprès de quelqu'un ? Il suffit de mesurer son agressivité et de se rendre compte des limites à ne pas franchir. Il faut exprimer les faits de façon douce, en choisissant ses mots avec soin. Entre un "tu es nul et tout ce que tu fais n'a aucune valeur" et un "je pense que tu devrais faire comme ça pour progresser, laisse-moi t'expliquer comment moi je ferais", l'écart est immense.

- Les gens méchants ou malsains sont des personnes qui souffrent profondément. Ne prends donc jamais personnellement leurs paroles ou leurs actes quand elles t'attaquent. Ce sont des personnes souffrantes, j'insiste là-dessus. L'égo est présent pour camoufler cette souffrance.
- Les gens qui ne sont pas capables de faire le quart de ce que tu fais seront bien plus à même de te critiquer par peur de ne pas réussir à faire eux-mêmes ces choses.
- Les petits détails cachent les grandes vérités.

Chapitre 5 : le ghosting.

J'estime qu'il est important de parler du ghosting dans ce livre, car, dans la vie de tous les jours, nous nous sommes tous déjà fait ghoster au moins 1 fois. Si ce n'est pas le cas, on risque fortement de le vivre. Je souhaite ainsi te rassurer quant au fait qu'il est possible de surmonter le ghosting à travers ce chapitre.

#51 Qu'est-ce que le ghosting ?

Pour ceux qui ne savent pas ce qu'est le ghosting : le mot "ghosting" vient du mot "ghost" en anglais qui signifie "fantôme", car la personne ne nous donne plus aucun signe de vie. C'est le fait d'interrompre une relation brutalement. La personne ne nous parle plus alors qu'on avait un lien très proche. Même si tu insistes en envoyant un message à la personne, elle ne répond plus du tout (même si tu envoies juste un smiley par exemple sur les réseaux sociaux.) Le ghosteur ne donne pas d'explication à son absence soudaine, d'où le fait que celui qui est ghosté en souffre. Le ghosting peut être présent dans tout type de relation : amoureuse, amicale, professionnelle et familiale.

Je me suis déjà fait ghoster plusieurs fois, en particulier avec ma soi-disante "meilleure amie" que je considérais comme une sœur. J'ai déjà ignoré certaines personnes avec qui je n'étais pas spécialement très proche aussi donc j'arrive à me mettre à la place des 2 personnes qui ont une perspective différente dans l'histoire. Je vais t'expliquer ce qu'il se trame dans la tête de ces 2 personnes.

#52 Pourquoi cela fait-il si mal quand quelqu'un nous ghoste ?

Émotionnellement, le ghosting est très impactant. Cela fait mal, car on a la sensation que la personne ne nous accorde plus aucune importance. Quand le ghosting est prolongé : c'est comme si la personne était décédée. La personne ne souhaite plus communiquer avec nous et nous donne alors cette impression qu'elle a totalement disparu de notre vie... Nous sommes obligés alors de faire un travail sur le deuil, comme si la personne était réellement partie.

Cela devient toxique quand la personne le fait de façon volontaire afin de te blesser. Si c'est une personne proche, elle te connait et elle sait que c'est là où il faut appuyer pour que cela te fasse mal. Cela est très malsain. La personne fait tout pour te faire ressentir de la frustration.

Quand la personne ne te répond plus alors qu'elle t'espionne sur les réseaux sociaux pour obtenir des informations sur ta vie par exemple, cela montre également un comportement malsain car on peut se dire qu'elle a le temps de nous espionner, mais pas de nous parler... Je l'ai personnellement vécu et cela n'est pas du tout agréable à vivre. Si tu te sens mieux ainsi, il faut choisir de bloquer tes stories à cette personne et de la bloquer sur les réseaux sociaux où tu partages ta vie privée pour qu'elle ne puisse recevoir aucune information concernant cela. Nous allons voir plus loin les solutions à mettre en place pour surmonter ce ghosting.

#53 Pourquoi se fait-on ghoster ?

La personne a peur de blesser l'autre. Elle a peur de lui dire la vérité sur les comportements ou les paroles qui l'ont dérangée. La personne ne cherche pas à communiquer avec toi pour exprimer clairement ce qui la dérange. Elle a tout simplement peur de ta réaction car cela te donnerait la possibilité de la rejeter. En réalité, quand on a peur de blesser l'autre, c'est parce qu'on a peur de se blesser soi-même... La personne en face de toi a en réalité un gros problème de confiance en elle ou d'estime d'elle-même. Elle a des blessures profondes qu'elle traine depuis son enfance qu'elle n'a toujours pas réglée, en particulier la blessure de rejet et d'abandon. La personne fuit sa responsabilité car il est plus simple pour elle d'ignorer que d'assumer sa pensée et d'avouer ce qu'elle nous reproche. Les raisons peuvent également être différentes et il ne s'agit pas à chaque fois d'un problème de confiance ou d'estime de soi.

En voici quelques exemples :

Les raisons possibles du ghosting dans une relation ambigüe (j'entends par là une relation amoureuse qui aurait pu être possible) :
- On ne se sent pas à la hauteur face à la relation.
- La personne n'assume pas cette situation (par exemple : un homme marié nous a invités au restaurant et a enlevé sa bague. Il a fini par te ghoster car il n'assume plus le fait de démarrer une nouvelle relation alors qu'il est déjà marié).
- Ce qu'il/elle a vu et vécu ne correspond pas à ce qu'il/elle voulait (physique, valeurs, discussions...) Il/elle souhaite donc imposer ses limites, car la relation va trop loin.
- Tu es en concurrence avec d'autres personnes (quand on passe un entretien d'embauche, quand on a passé un speed dating par exemple, etc..).

Les raisons possibles du ghosting dans une relation familiale ou amicale :
- Elle/il a honte.
- Elle/il ressent de la culpabilité.
- Elle/il ne sait pas comment gérer ses blessures émotionnelles.
- Il se passe quelque chose de grave dans sa vie.
- Elle/il n'a pas eu le temps de répondre (quelques fois on lit le message et on oublie ensuite de répondre.) Si cela fait des mois que la personne te ghoste, cela n'est pas agréable à entendre mais il est évident que cette personne qui te ghoste ne t'accorde pas énormément d'importance. Si cela te fait souffrir, c'est parce que tu lui accordes plus d'importance qu'elle t'en accorde.

- La relation ne lui fait pas du bien, elle/il cherche ainsi à se protéger et à imposer ses limites.

#54 Qu'est-ce que j'ai pu faire pour mériter cela ?

Ce n'est pas parce que quelqu'un t'a quitté ou t'a ghosté que tu aies quelqu'un qui ne mérite pas de recevoir de l'amour. Bien au contraire. Pars du principe que ce ghosting n'a pas été fait par rapport à ton comportement, mais plutôt par rapport aux interprétations et aux blessures de la personne en face de toi. Quand on se fait ghoster, on a tendance à beaucoup se remettre en question. Qu'est-ce que j'ai dit de mal ? Qu'est-ce que j'ai fait de mal ? Tu te poses un milliard de questions pour comprendre les raisons de ce ghosting. Tu vas continuer de t'en poser sauf que cela te torture encore plus l'esprit et te fait encore plus de mal comme il n'y a aucune réponse.

Ne te fais plus souffrir en te posant ces questions. Cette personne qui te ghoste ne réalise pas toute la valeur que tu aurais pu lui offrir. Il faut que tu changes ta perception des choses :

Ce n'est pas toi qui perds cette personne, c'est elle qui te perd en te ghostant puisque c'est elle qui a choisi de t'ignorer.

Elle ne te mérite absolument pas. Garde cette énergie pour des personnes qui le méritent vraiment et en ont besoin.

#55 Comment dois-je réagir si la personne revient vers moi ?

C'est à toi de juger si la personne mérite vraiment que tu lui reparles ou non. (Si par exemple elle a déjà fait ce coup-là une fois ou si c'est la première fois). N'oublie jamais que ton temps est précieux et qu'en laissant ce type de personne entrer de nouveau dans ta vie, tu lui laisses la possibilité de te décevoir et de te blesser à nouveau...

Personnellement, la leçon que ce ghosting m'a apprise, c'est que quand une personne t'a déjà fait un coup qui te fait beaucoup de mal 1 fois (cette « amie » m'avait déjà ghostée il y a quelques années pendant un long moment) elle est tout à fait capable de reproduire le même coup à ton égard une 2ème fois, sans aucun scrupule. Retiens bien cela.

#56 Comment ne plus en vouloir à quelqu'un qui nous a fait du mal ? Quelle solution face au ghosting ?

Tu as 3 solutions :

1) Soit tu bloques définitivement la personne partout (sur les réseaux sociaux, son numéro...) Et tu fais en sorte qu'elle ne puisse plus du tout avoir accès à des informations personnelles sur ta vie.

2) Soit tu la bloques à certains endroits seulement (un réseau social où tu t'exposes beaucoup par exemple), mais tu laisses la porte ouverte en ne le/la bloquant pas partout (au cas où tu penses qu'il/elle pourrait revenir).

3) Soit tu lui demandes directement des explications.

Tu dois accepter le choix de la personne en face de toi. Accepter ne veut pas dire que tu es d'accord avec le comportement de cette personne. Accepter les émotions que cette situation a engendrées : cela peut être de la tristesse, de la rancœur, de la colère, de l'incompréhension, de la frustration etc... Il est important de verbaliser et noter absolument toutes les émotions que cela engendre. Il faut pouvoir transformer ces émotions, car si tu restes à tes émotions négatives, ce n'est pas la personne qui te ghoste que tu punis en ressentant tout cela, mais c'est toi-même que tu punis. Son comportement vis-à-vis du fait de t'ignorer appartient à lui et non à toi.

Quelles sont les émotions que tu ressens face à ce ghosting ?

_____

_____

_____

Quelles émotions positives peuvent remplacer ces émotions désagréables, d'après toi ?

_____

_____

_____

_____

_____

Sache que cette situation n'est pas arrivée par hasard : cela relève en toi des blessures qui n'ont pas encore été totalement réglées. Ces blessures activent les blessures émotionnelles qui ont été activées lors de notre enfance. Tant que ces émotions n'ont pas été guéries dans l'amour et l'acceptation, tu vas revivre d'autres situations (pas forcément similaire au ghosting, mais cela est possible) qui vont raviver en toi ces émotions spécifiques.

Ainsi, il va falloir que tu te convainques de ne plus vouloir revivre ce genre de situation. Je t'invite à te le répéter plusieurs fois à voix haute. Tant que tu ne l'as pas intégré profondément, tu revivras ces émotions de façon vive en raison du jugement que tu portes en l'autre et de la culpabilité que tu peux ressentir.

Ce que tu peux faire : _c'est d'écrire une lettre dans laquelle tu t'adresses à la personne concernée (que tu décides de lui envoyer par courrier, par email ou non, cela n'a pas d'importance). Le plus important est d'expliquer absolument tout ce que tu as sur le cœur. Cela te permettra de te dégager de ce poids qui te gêne au plus profond de toi. Si tu choisis de ne pas lui envoyer ou d'en faire un brouillon avant, tu peux noter tout ce que tu ressens suite à ce ghosting ici :_

_____

_____

Un autre exercice que tu peux faire est d'imprimer ou de prendre une photo que tu as de cette personne, de la froisser complètement, voire même de la déchirer puis de piétiner dessus. Tu peux même bruler sa photo. Le but étant d'évacuer les émotions désagréables que tu gardes en toi. Cela est extrêmement important d'appliquer réellement ces exercices car plus tu vas laisser ces émotions désagréables grandir en toi, plus elles te feront du mal.

Cette personne qui est partie ne t'appartient pas et tu n'appartiens pas à cette personne. Elle est libre de ses propres choix. Il faut lâcher prise pour se défaire de ce besoin que les choses se passent comme tu le souhaiterais. Cela n'est pas possible que tout se passe comme prévu et comme on le voudrait. Tu seras toujours obligé de répondre à des impératifs (comme faire tes lessives par exemple), tout comme tu seras toujours obligé d'accepter le choix des autres (comme un ami à toi qui a décidé de se marier par exemple.) Les seules choses que tu peux contrôler, ce sont tes pensées et ce que tu choisis de créer. Que tu sois heureux ou pas de cette décision qu'elle a prise de ne plus te parler, dis-toi qu'elle l'a fait pour une chose : son propre bien.

Ce que je t'invite à faire, c'est de répondre aux questions suivantes. Réponds à ces questions en étant le plus précis possible.

Qui était-elle/il ? (Décris-là/le avec le plus de détails précis.) Quelles étaient ses valeurs ? Son caractère (qualités et défauts compris) ? Ses talents ? Ses passions ?

_____

_____

_____

_____

Qu'est-ce qui te manque chez elle/lui ? Qu'est-ce que cette personne t'apportait ?

_____

_____

_____

_____

En analysant tes réponses, penses-tu que tu l'appréciais pour ce qu'elle/il était ou pour ce qu'elle/il t'apportait ? Sois le plus sincère possible. Il n'y a que toi qui peux lire ces mots.

_____

_____

_____

*Que peux-tu faire avec toi-même pour ressentir ce que cette
personne te permettait de vivre ?*

_____

_____

_____

_____

_____

_____

_____

_____

Finalement, je remercie cette amie de m'avoir ghosté. Je la
remercie car sinon, je n'aurais jamais eu toute cette énergie et
cette passion de t'écrire tout ce chapitre, car ce sujet me
touchait au plus haut point puisque je l'apprécie énormément.

Apprends-toi aussi à voir les côtés positifs de ton ghosting.
**Quand quelqu'un te dit non, cela te permet d'avoir un oui
autre part.** Cherche et essaye de comprendre où est placé ce
oui. Si tu fais ce travail d'enquête de façon profonde, tu
recevras des messages surprenants et insoupçonnés et
surtout, cela t'amènera vers le chemin de la résilience.

*Qu'est-ce que cette personne m'apporte en m'ignorant (plus de
temps pour moi, plus de temps pour les personnes qui
m'apprécient vraiment, etc.) ?*

_____

_____

_____

_____

_____

Comment la situation aurait pu être si elle avait tourné de façon plus dramatique ? (La personne me ghoste parce qu'elle a eu ce qu'elle voulait de moi : me soutirer de l'argent, le ghosteur m'ignore, car elle voyait que je ne répondais plus à ses menaces, ses critiques ou encore elle auraient pu faire du mal à l'un de mes proches, etc..)

_____

_____

_____

Force-toi à t'imaginer à quel point la situation aurait pu tourner au drame. Finalement, ce qu'il s'est passé n'est peut-être pas si terrible que cela. Au contraire, cela est bénéfique pour toi, car cela te met face à tes blessures et ce sur quoi tu dois travailler sur toi-même.

#57 Le ghoster est en réalité hypocrite.

Tu dois d'ailleurs te dire que le ghosteur est lâche et hypocrite puisqu'il n'a pas osé te dire les raisons de sa disparition.

L'hypocrisie est une forme de relation toxique. Cela se remarque surtout dans le domaine professionnel, mais on peut les retrouver partout : dans notre famille, nos amis ou même notre conjoint peut l'être... Je ne dis pas que l'on peut être complètement dénué d'hypocrisie. Tout le monde est hypocrite. Je le suis aussi. Toi-même, tu es hypocrite. Il est difficile d'être entièrement authentique quand on porte un masque social face aux autres. Cela se fait surtout avec des inconnus ou dans le milieu professionnel. Ce qui est bien plus problématique, c'est quand on fait croire à quelqu'un qu'on l'apprécie par exemple alors que derrière la personne se permet de la juger, de la critiquer, voire même de la harceler ou de l'escroquer.

Comment reconnaitre quelqu'un d'hypocrite ?

C'est une personne qui dit des choses qui sont contraires à ce qu'elle pense et ressent. Par exemple, une personne qui en fréquente une autre juste par intérêt alors que dans le fond elle ne l'apprécie pas du tout... c'est une hypocrite. L'hypocrite vient du mot "hypokrisis" qui veut dire "jouer un rôle". Comme le disait Shakespeare, nous sommes tous, sans exception, des acteurs qui jouons dans une pièce de théâtre nommée : la vie.

217

#58 Tes blessures émotionnelles attirent les mauvaises personnes.

Nous sommes hypocrites par peur de blesser et d'être rejetés. Je préfère maintenant ressentir ma propre compagnie et être bien en étant seul avec moi-même que de devoir supporter des relations qui ne m'apportent pas de bien. Quand on est dépendant affectif, c'est très difficile de mettre cela en application, car nous avons constamment besoin des autres pour combler un manque. Sauf que ce ne sont pas les autres qui vont pouvoir combler ce vide en toi.

Une fois que tu seras seul (et même si nous sommes très entourés, nous sommes toujours à un moment donné ou à un autre dans notre vie, obligé de se retrouver seul) alors, comment vas-tu faire pour supporter cette solitude ?

Tu n'as besoin d'une personne à l'égo surdimensionné. Ton environnement est très important alors je ne laisse pas entrer n'importe qui dans ton cercle privé.

Plus tard, tu te rendras compte à quel point cette personne ne te servait strictement à rien. Personne ne doit te servir. Personne ne te doit quoi que ce soit. Tu dois accepter le fait que tu es responsable de ta propre vie. Je pense de plus en plus que les personnes qui pensent avoir besoin des autres sont des personnes qui ont du mal à assumer leur propre responsabilité, à assumer leur libre arbitre. Ils ont du mal à accepter leur solitude.

Tant qu'on n'a pas guéri nos blessures émotionnelles, on attirera à nous des personnes malsaines qui seront là pour combler illusoirement nos manques. Tant que tes blessures ne sont pas réparées, c'est ton égo qui te guidera vers les mauvais chemins à prendre. Une fois guéri, tu n'auras plus besoin de ces personnes pour aller bien. Tu te suffiras à toi-même. Tu apprécieras ta propre compagnie et c'est même celle que tu apprécieras le plus. Tu seras devenu ton (ou ton propre) meilleur(e) ami(e).

Et comme je le disais à une amie victime de ghosting : mets un point final à celui (ou celle) qui te laisse des points de suspension.

Grâce à ces expériences en amitié, j'ai pu remarquer les signes qui permettent de cerner si une amitié est toxique ou non. Les voici :

#59 Les 8 signes que tu es dans une amitié toxique (ces signes peuvent aussi s'appliquer dans les autres relations) :

*Les amis **hypocrites** et/ou **superficiels**,*

1) La réciprocité n'existe pas dans votre relation.
Tu passes ton temps à écouter ce que ton ami a à te dire, mais lui ne t'écoute jamais. Les rares fois où tu sens que la discussion est ouverte pour que tu puisses en placer une, il te coupe dès qu'il en a l'occasion et quand il parle, tu ressens très bien qu'il ne t'écoute pas. Une personne qui ne parle que d'elle est égocentrique. C'est-à-dire qu'elle pense que le monde tourne autour d'elle. Ton ami peut se confier longuement à toi s'il en éprouve vraiment le besoin et qu'il a besoin de toi à un instant précis, car il traverse une période difficile. Là où ce n'est pas tolérable, c'est quand ton ami ne prend jamais la peine de s'intéresser à toi ou de t'aider alors que tu as besoin de lui. Aussi, il ne va pas chercher à faire des efforts et à te rendre la pareille malgré que, par exemple : tu lui avances des verres, tu te déplaces pour venir le voir, tu lui exprimes à quel point tu l'apprécies, c'est à chaque fois toi qui lui proposes de faire des sorties, tu lui offres des cadeaux, etc. Un faux ami ne cherchera pas à te rembourser ou à t'offrir quelque chose en retour. Il ne sait que prendre, mais ne peut pas donner.

2) Tu as l'impression de devoir faire des efforts herculéens pour te faire apprécier de ce(te) ami(e).

Si tu ne lui offres pas un seul cadeau, si tu ne lui fais pas un seul compliment, si tu ne te déplaces pas pour venir la/le voir, si tu ne corresponds pas à tel ou tel critère ou si tu ne fournis pas certains d'efforts spécifiques...tu as l'impression que même en fournissant le plus d'efforts possible, ce(te) ami(e) ne sera jamais content(e). Et elle/il te le fera bien comprendre ! Cette personne va te faire continuellement des reproches et va même réussir à te faire culpabiliser. C'est une personne qui est dépendante affective et qui a besoin d'avoir énormément de preuves pour se sentir aimée. Même si tu fournis énormément d'efforts, elle voit cela comme du néant, car elle ne sera jamais satisfaite de ce qu'elle reçoit. J'appelle ces personnes des "personnes passoires". Tu as beau leur donner continuellement beaucoup d'eau, leurs cœurs sont tellement transpercés de trous qu'elles sont aveuglées par tout ce que tu leur offres. Si tu continues d'entretenir ce type de relation, cela t'épuisera moralement (voir même physiquement dans certains cas) sur le long terme. Cette relation n'est pas saine.

3) Il/elle trouve toujours des excuses pour ne pas venir te voir. Il/elle n'est absolument pas fiable.

Une amitié solide et sincère doit s'entretenir. Si les efforts ne sont pas faits d'un certain côté, la relation ne peut pas tenir sur la durée... S'il y a un manque de sérieux, de confiance et de fiabilité de la part de ton ami, tu devrais te poser des questions sur la sincérité de votre amitié.

Un vrai ami, quand tu te trouves dans le besoin, sera toujours là pour venir à ton aide. Tu n'as pas à faire d'effort et à devoir attendre que Saturne, Pluton et Jupiter soient alignés pour pouvoir le voir...

Avec un faux ami, tu te sens obligé de faire en sorte que les conditions nécessaires soient le plus parfait possible pour le voir, par exemple le fait que tu dois toujours te rapprocher physiquement de lui, sinon il ne se prendra jamais la tête pour venir te voir…

En plus, cette manière de penser va finir par se déteindre sur toi. C'est-à-dire que tu vas finir par donner des excuses aux autres pour minimiser tes actions. Attention au type de personne que tu fréquentes.

4) Il/elle ne te parle que quand il a besoin de toi. Elle/il n'est là que par intérêt.

Un ami ayant beaucoup eu de déceptions amicales m'a dit un jour qu'il avait sorti à l'une de ces personnes qui l'avait déçu : "je ne suis pas ton parapluie !" J'aime particulièrement cette métaphore, car elle est très véridique : un faux ami te traite comme un parapluie : c'est-à-dire qu'il vient te parler uniquement quand il se sent mal (quand il pleut dans son monde). Le reste du temps, il te range à côté du portemanteau, car tu ne lui as d'aucune utilité. Il peut t'ignorer et te ghoster pendant de nombreux mois, cela ne le dérange pas puisque tu ne lui sers plus de bouche-trou. Cet ami te donne en général de ses nouvelles épisodiquement, quand cela l'arrange. Ce type d'ami qui vient vers toi tous les 36 du mois ne mérite plus du tout de faire partie de ta vie.

Sinon, tu as aussi ce type d'ami qui vient vers toi uniquement par intérêt, car il y a un enjeu derrière : comme une femme ou un homme par exemple. Il y a un triangle amoureux entre vous 3 et il te parle, non pas par intérêt pour toi, mais pour obtenir des informations sur la personne en question. Ce type d'ami préfère privilégier cette relation à votre amitié. Dans ce cas-là, il s'agit bien d'un faux ami qui ne te parlait que par intérêt.

*Les amis **possessifs**,*

5) La relation va beaucoup trop vite et semble "trop belle pour être vraie".

Comme dans une relation amoureuse, une relation (qu'elle soit amicale ou professionnelle) qui va bien trop vite devrait mettre la puce à l'oreille. Soit la personne a de mauvaises intentions vis-à-vis de toi, soit elle est dépendante affective. La relation peut sembler étouffante, car, par exemple, la personne en question te parle très souvent (que ce soit par message, sur les réseaux sociaux ou en vrai) alors que cela fait quelques jours que vous venez de vous rencontrer... Ce signe-là à lui seul ne veut rien dire dans une relation amicale, mais il peut être annonciateur des signes suivants. Dans une relation amoureuse, il faut redoubler de vigilance si une personne souhaite vivre avec toi ou se marier alors que vous êtes en couple depuis seulement quelques mois. La personne en face ressent plus le besoin de te posséder plutôt que de t'aimer.

*Les amis **jaloux**,*

6) Tu n'oses pas lui exposer ton bonheur par peur qu'elle te le reproche.

Exemple : tu lui as déjà dit un jour que tu étais trop contente, en tant qu'entrepreneur, d'avoir enfin pu obtenir ton 1er client cette semaine ! La personne parait faire semblant d'être heureuse pour toi... "Tu es sûr qu'il va te payer ? Même si c'est le cas, qui te dit qu'il va continuer d'être ton client ?" "Je suis sûr que c'est une connaissance qui t'a aidé" "Espérons qu'il ne te lâche pas. Tu sais, ce n'est pas plus mal de retourner dans le salariat... Tu n'en feras pas un drame !" "Moi quand j'ai commencé dans l'entrepreneuriat j'avais déjà 3 clients au bout d'un mois ! Ce n'est pas non plus dingue ce qu'il t'arrive" "Ce n'est pas dingue 1 client ! C'est assez ridicule quand on sait que ça fait plusieurs mois que tu t'es lancé dans l'entrepreneuriat." Autant de signes qui laissent transparaitre une pointe de jalousie ou de moquerie de sa part. Voir même de la négativité et de la compétitivité. Ce type de comportement n'est pas du tout sain. Tu as le sentiment que la personne ne souhaite pas que tu sois heureuse et elle peut même réussir à te faire culpabiliser sur tes propres faits ! Tu arrives à te demander... "Est-ce que je mérite vraiment ce qu'il vient de m'arriver ?" Si tu sens le moindre remord et que tu ne fais que de te remettre en question sur tes actes (alors qu'il n'y a pas lieu d'être) à cause de "ton ami", pose-toi des questions sur ses véritables intentions vis-à-vis de toi. Ton ami veut-il vraiment ton bonheur ?

7) Il/elle qui te rabaisse et ne croit pas en toi.

Comme vu dans l'histoire, une personne qui ose te critiquer en pensant qu'il te fait du bien, car -il te dit la vérité- doit se remettre en question dans sa façon de dire les choses. C'est important d'être franc avec son ami, de lui dire ce qu'on pense de lui quand quelque chose nous dérange. Cependant, ce qui n'est pas acceptable, c'est de lui faire des reproches.

J'appelle cela de la méchanceté gratuite. Les gens qui se comportent de cette façon souffrent énormément en réalité. Ils ont une haine en eux qui est tellement intense qu'ils ont besoin de la déverser autour de toi. Sauf que tu n'es pas un punchingball !

La personne qui souffre aura besoin de te rabaisser et de te faire culpabiliser pour se sentir plus important. Il n'y a que de cette manière qu'elle arrive à avoir confiance en elle. Ce comportement est très malsain et prouve bien que la personne n'a en réalité aucune estime et confiance en elle. La confiance et l'estime de soi ne s'acquièrent absolument pas en rabaissant et en critiquant les autres.

*Les amis **négatifs** et **malsains**,*

8) Il/elle est très négatif(ve) tout le temps.

La personne peut très bien traverser une période lourde ou difficile à gérer. Elle a vécu des traumatismes dans son passé qui fait qu'elle a des pensées négatives de façon permanente. Dans ces cas-ci, tu ne peux absolument rien lui reprocher et encore moins quitter cette relation. Tu t'expliques avec elle que ce serait important qu'elle se fasse suivre (par un coach, un psychologue, un psychiatre, un psychanalyste selon sa situation). Tu peux très bien aussi l'écouter et lui donner des conseils au maximum.

Néanmoins, quand la personne ne se concentre que sur l'aspect négatif de chaque situation, que tu essayes à chaque fois de la faire relativiser, mais rien n'y fait... Elle reste pessimiste. Ton aide ne lui sert à rien, car elle a tout le temps des pensées extrêmement négatives. Cela va être lourd énergétiquement pour toi sur le long terme. Ce qui ne convient pas, c'est quand la personne sait qu'elle peut être aidée et doit même être aidée, mais elle ne cherche jamais à prendre les mains de tous ceux qui lui tendent. Elle se morfond dans sa situation, pense qu'il n'y a rien à faire, que les autres lui veulent du mal (elle se présente souvent comme une victime), que le monde entier lui en veut aussi, elle ne parle que de toute la négativité qu'elle écoute à travers les infos, etc. Cette manière de penser va finir par se déteindre sur toi et tu vas te sentir très mal. Si la personne n'est pas prête à se faire aider (que ce soit par toi ou par un professionnel), quitte cette relation qui pourrait s'aggraver.

On parle beaucoup de la négativité que l'on peut retrouver dans certaines relations et si on s'attardait maintenant sur les signes qui prouvent que ton amitié est authentique, sincère et pérenne ?

#60 Les 8 signes que tu es dans une amitié saine et solide (cela fonctionne aussi pour les relations amoureuses) :

1) Ton ami te pose des questions et s'intéresse à ta vie.

Ton ami souhaite sincèrement savoir ce qu'il se passe dans ta vie, non pas par intérêt pour utiliser ces informations contre toi à l'avenir, mais parce qu'il éprouve de l'intérêt et de l'affection pour toi. Il souhaite mieux comprendre comment tu traverses la vie et ainsi connaitre ton opinion et tes ressentis par rapport à ça, pour comprendre ce qui t'affecte ou non et mieux te connaitre.

2) Ton ami(e) ose te dire quand quelque chose le dérange.

Un ami hypocrite ne te dira pas en face ce qui l'a dérangé dans tes comportements. Un(e) vrai(e) ami(e) t'expliquera par A + B pourquoi elle/il s'est senti mal à cause de toi. Par exemple, tu as dit des remarques qui l'ont blessé, tu lui as prêté de l'argent mais tu ne lui as toujours rien rendu, tu as été en retard et cela l'a agacé, etc.

(Mais ce n'est pas grave, nous sommes humains et nous avons tous le droit de faire des erreurs !) Elle/il est franc et tu exprimeras les choses avec respect, sans méchanceté et avec des mots doux pour expliquer ce qui ne va pas. Cela peut se faire dans l'émotion, mais toi, tu ne culpabiliseras pas, car ton ami ne te juge pas tel un coupable. Il expose juste des faits qu'il a ressentis de son point de vue. Une amitié saine part de la sincérité et de l'authenticité. Sans cela, une relation saine ne peut pas se construire.

3) Ton ami(e) ose te dire quand il sent que tu n'es pas heureux.

Tu es dans une relation amoureuse qui lui semble ne pas te convenir, par exemple (d'après ton ami(e)). Il n'hésitera pas à te le dire et à t'expliquer pourquoi de son point de vue. Un véritable ami(e) souhaite que son ami se sente heureux. Cela est important pour lui. Cela ne veut pas dire qu'il a forcément raison, mais il faut apprendre à lire l'intention qu'il y a derrière. Un(e) vrai(e) ami(e) ne souhaite que ton bien.

4) Ton ami(e) ne te juge pas et t'écoute attentivement quand tu lui racontes ce qui ne va pas.

Quand la relation est saine, tu te sens apaisé et serein dans le fait de te dire que tu vas pouvoir lui confier certains poids intérieurs qui te hantent. Tu sais qu'il ne va pas te critiquer et qu'il va poser un regard objectif sur la situation. Il ne va pas dire si ce que tu fais est bien ou mal. Il prend en compte tous les éléments de ton histoire, t'apporte son avis et te donne les conseils qu'il/elle peut te donner. Le plus important étant qu'il soit à ton écoute, sans se laisser distraire par des éléments perturbateurs, et qu'il ne te juge pas.

5) Ton ami t'aide quand cela ne va pas et te soutient.

Un véritable ami est présent pour toi, quand cela va bien et quand cela ne va pas. Il t'encourage et te soutient dans tes activités créatives par exemple. Tu sais qu'il est présent pour être là en cas de besoin (cas extrême comme être à la rue par exemple, être à tes côtés suite à la disparition d'un proche, t'écouter quand tu en éprouves beaucoup le besoin, etc.) ou dans les bons moments (quand tu as reçu un diplôme par exemple, quand tu viens d'avoir un enfant, que tu as sorti un livre, etc. ton ami est heureux pour ta réussite.) Cela lui fait plaisir de t'aider (pour les bons comme pour les mauvaises choses), car il le fait en respectant tes propres besoins, tout en respectant les siens.

6) Ton ami est loyal.

Une personne qui redevient ton ami après de nombreuses années d'absence et qui redevient absent après quelques années n'est pas ton ami. Un(e) vrai(e) ami(e) ne disparait pas du jour au lendemain et, si elle/il t'apprécie vraiment et qu'il est sincère avec toi, il restera à tes côtés. Être loyal ne signifie pas qu'il faut parler avec son ami tous les jours ! Mais tu sais qu'il est présent et que tu peux compter sur lui en cas de pépin. Maintenant, nous disposons d'un outil incroyable qui s'appelle : "le téléphone". Les faux amis s'inventent toujours des excuses s'ils ne te donnent plus aucune nouvelle pendant des années. Coupe la relation définitivement avec ce type de personnes qui ne te mérite pas.

7) Ton ami t'invite à accepter plus ce qui te dérange chez toi et les critiques des autres à ton égard.

Tu es assez proche de ton ami(e) pour qu'il/elle sache ce que tu n'apprécies pas vraiment chez toi (en termes de "défauts" physiques, d'un trait de caractère, d'un comportement ou d'une habitude qui te déplaisent). Il est là pour t'apprendre à t'aimer plus et à gagner en amour, en confiance et en estime de toi. Il sait aussi que tes proches ont du mal à accepter certaines choses chez toi (orientation sexuelle, religion, déménagement, etc..) Et va t'aider à surmonter les étapes que tu dois traverser par rapport à ces moments délicats avec tes proches.

Il s'agit d'une relation qui te pousse vers le haut, avec laquelle tu te sens bien et tu te sens évoluer. C'est ce sentiment qui te permet de déterminer que ta relation est belle et bien saine et qu'elle te stimule.

8) Tu te sens complètement toi-même avec ce(te) ami(e).

Dans les relations toxiques, chaque personne (ou l'une d'entre elles) met un masque afin de s'adapter à la relation face à elle. On ne se sent pas naturel et on a besoin de se comporter d'une façon différente pour se sentir accepté. Certains se sentent si mal qu'ils finissent par se réfugier derrière leur téléphone, pour fuir la situation. Dans une relation saine, tu sais que si tu montres ton véritable humour, tes défauts et tes vulnérabilités, la personne en face de toi ne te jugera pas et t'acceptera tel que tu es (qu'elle partage les mêmes traits d'humour et défauts ou non). La relation est authentique et tu t'y sens bien, car tu te sens compris(e) et respecté(e).

Et toi ? Avec toutes ces informations, quelles sont les relations qui te paraissent fausses et celles qui te paraissent saines dans ton entourage ?

_____

_____

_____

_____

_____

_____

_____

CONCLUSION

Une relation est saine quand elle te permet d'évoluer et de te sentir bien. Elle t'apporte des émotions agréables. Tu te sens toi-même avec elle et en paix.

Une relation est malsaine quand elle te fait du mal (émotionnellement ou/et physiquement parlant) et qu'elle te conduit vers l'autodestruction. Face à ce type de relation, le seul moyen est de prendre de la distance ou de couper les ponts.

Revoyons ensemble les définitions pour bien comprendre les différents types de personnalité :

Le pervers narcissique est une personne malsaine et possessive qui ne peut pas vivre seule et qui a besoin de combler sa faille narcissique à travers l'autre.

La personne aux comportements toxiques est une personne étouffante qui a besoin d'accaparer le temps et l'énergie de l'autre pour se nourrir et combler un manque affectif. Un pervers narcissique est donc en même temps toxique, mais une personne aux comportements toxiques ne peut pas être un pervers narcissique.

La personne malsaine est une personne qui fait du mal et a besoin de rabaisser les autres pour se sentir bien et en confiance.

La personne hypocrite est une personne qui dit et fait le contraire de ce qu'elle pense.

Un message très important que je souhaite transmettre à

travers ce livre : malgré tout ce que tu as subi (émotionnellement parlant), cela ne sert à rien d'en vouloir à ces personnes. La rancœur attire la haine en nous alors que quand on a vécu des histoires et des traumatismes ingérables, nous avons davantage besoin, par rapport à la moyenne, de ressentir l'abondance de l'amour. Ces personnes malades ont une souffrance psychologique très intense en elles. Il faut toujours avoir ça en tête quand quelqu'un nous fait du mal, même si cela est très dur à encaisser sur le coup. Leur en vouloir, c'est ne pas vouloir accueillir en nous l'amour, les soins et l'attention que l'on mérite (surtout que toi, tu en as davantage besoin si tu as vécu des traumatismes). On se traite mal en vivant des émotions désagréables alors que cela ne changera en rien par rapport aux comportements de ceux qui nous ont déçus. Les gens évoluent, mais ils ne changent pas. C'est-à-dire qu'ils peuvent progresser dans leur manière de se comporter, dans leur fonction ; mais ils ne peuvent changer leur nature (personnalité et caractère.) Il faut donc rejeter ce qui nous fait du mal et se diriger vers des personnes qui nous élèvent, nous apporte de la joie, du bien-être et qui observent la vie en couleur. Il faut aussi (et surtout) se concentrer sur notre relation à nous-mêmes, car il n'y a que cette relation qui nous permettra d'atteindre l'amour, l'estime, la confiance et l'accomplissement de soi.

NOTES

BIBLIOGRAPHIE

Articles web :
Narcissique : tout comprendre des personnalités narcissiques (passeportsante.net)

4 qualités d'une véritable amitié (nospensees.fr)

Livres :
Bourbeau (Lise), *Les 5 blessures qui empêchent d'être soi-même*, Pocket, 2013.

Dupont (Marie-Estelle), *se libérer de son « moi » toxique*, Larousse Poche, 2022.

Poncet-Bonissol (Yvonne), *Protéger l'enfant face au pervers narcissique*, 2019.

Vidéos YouTube :
Les 4 principales raisons derrière un ghosting - Sudehy.

Mères toxiques : comment se construire ? Mille et une vies.

Un enfant pour faire le deuil d'un autre - Toute une histoire.

Pervers narcissiques : quand leurs enfants sont leurs victimes - Ça commence aujourd'hui.

POUR ALLER PLUS LOIN & CONTACT

Je t'invite à te diriger vers :
- Une psychothérapie classique
- Une thérapie cognitive et comportementale (ou TCC)
- Une psychanalyse (approche basée sur l'inconscient)
- Du coaching (approche plus pragmatique)
- De l'EMDR (Eye Movement Desensitization and Reprocessing)
- L'hypnothérapie
- La sophrologie
- La Gestalt-Thérapie
- L'art thérapie
- La psychogénéalogie
- Un coaching avec moi !

Tout dépend de tes propres besoins. La psychanalyse et la psychothérapie classique sont pour moi des approches plus adaptées pour les personnes qui ont besoin de travailler sur le long terme voir sur une durée indéterminée ; tandis que la TCC, le coaching et l'EMDR sont destinés pour les personnes qui ont besoin d'avoir une approche plus concrète, pragmatique et qui dure sur le moyen terme. Tout dépend de la problématique (ou des problématiques) que tu souhaites travailler.

Pour un coaching avec moi, je t'invite à me contacter à mon adresse e-mail :

leticiaofficiel@gmail.com

Ou sur Instagram à : @leticiaorxan.

RETROUVE-MOI SUR
LES RÉSEAUX SOCIAUX

 @leticiaorxan
@creatricedigitale

 @leticiaorxan

 Léticia Orxan

TON CADEAU

Scanne le QR code pour découvrir ton cadeau !

Printed in Poland
by Amazon Fulfillment
Poland Sp. z o.o., Wrocław